U0535690

顾客为什么买了又买

THE POWER of INSTINCT

［美］莱斯利·赞恩（Leslie Zane） 著
赵冰清 译

中信出版集团 | 北京

图书在版编目（CIP）数据

顾客为什么买了又买 /（美）莱斯利·赞恩著；赵冰清译 . -- 北京：中信出版社，2025.4. -- ISBN 978-7-5217-7313-2

I. F713.50

中国国家版本馆 CIP 数据核字第 2025QD6568 号

The Power of Instinct: The New Rules of Persuasion in Business and Life by Leslie Zane
Copyright © 2024 by Leslie Zane
This edition published by arrangement with PublicAffairs, an imprint of Perseus Books, LLC, a subsidiary of Hachette Book Group, Inc., New York, New York, USA. All rights reserved.
Simplified Chinese translation copyright © 2025 by CITIC Press Corporation
ALL RIGHTS RESERVED
本书仅限中国大陆地区发行销售

Triggers®, Brand Triggers®, Growth Triggers®, Image Triggers®, Distinctive Brand Triggers®, Brand Connectome®, and Brain Branching® are registered service marks of Leslie Zane Consulting, Inc.
Verbal Triggers ™ , Instinctive Advantage ™ , Taste Triggers ™ , Auditory Triggers ™ , and Olfactory Triggers ™ are common law service marks of Leslie Zane Consulting, Inc.

顾客为什么买了又买

著者：　　[美]莱斯利·赞恩（Leslie Zane）
译者：　　赵冰清
出版发行：中信出版集团股份有限公司
　　　　　（北京市朝阳区东三环北路 27 号嘉铭中心　邮编 100020）
承印者：　北京联兴盛业印刷股份有限公司

开本：880mm×1230mm　1/32　　印张：9.5　　字数：196 千字
版次：2025 年 4 月第 1 版　　　　印次：2025 年 4 月第 1 次印刷
京权图字：01-2025-1101　　　　　书号：ISBN 978-7-5217-7313-2
定价：69.00 元

版权所有·侵权必究
如有印刷、装订问题，本公司负责调换。
服务热线：400-600-8099
投稿邮箱：author@citicpub.com

目录

CONTENTS

前言
决策的瞬间就像漆黑房间里亮起的灯　V

CHAPTER ONE

第一章
套路留不住回头客　001

当顾客的爱突然消失　008
人最熟悉的是记忆　012
"买了又买"的神经密码　016
顾客凭什么一眼选中你　019

CHAPTER TWO

第二章
操控直觉的底层逻辑　027

品牌连接组：在大脑中织一张"记忆网"　036
心智份额：占据大脑的大量空间　040
决策树的分叉法则：持续生长新的记忆　047

CHAPTER THREE　第三章
增长触发点：顾客的"续费按钮"　055

调用五种感官传达暗示　062
增长触发点本就在心中　065
如何找到增长触发点　068
个人品牌的触发点　074

CHAPTER FOUR　第四章
消极联想的诅咒　081

消极联想如何在大脑中形成　086
负增长警报：消极联想摧毁品牌形象　092
用积极的联想覆盖负面记忆　099
品牌偏好本质上是一种偏见　104

CHAPTER FIVE　第五章
熟悉感制造认知捷径　111

熟悉 + 新鲜 = 购买　117
续集唤醒顾客记忆　121
用辨识度讲述品牌故事　125
经典设计要谨慎修改　132
案例分析：马奇 vs 小黄鸭　135

CHAPTER SIX 第六章
在多触点中"反复心动" 143

单点聚焦如何扼杀可能性 151
"使命"的诱惑 155
多触点形成认知联想 158
多重信息编织故事网 162

CHAPTER SEVEN 第七章
为"想象中的自己"买单 169

幻想如何利用大脑 175
幻想是隐藏的需求 177
真相为何输给幻想 179
"垄断"幻想的主导地位 183
名人效应是把双刃剑 186
幻想的麦道夫效应 192

CHAPTER EIGHT 第八章
突破核心客户圈层依赖 199

现有客群会让增长停滞 204
客户忠诚度不代表转化 209
健康的品牌是不细分市场的 216

CHAPTER NINE   第九章
逃离营销漏斗   221

被跳过的营销漏斗   230
最大的竞争对手等于最多的客户   233
比喻与幽默的认知黏附力   237

CHAPTER TEN   第十章
品牌永生计划   247

革命派 vs 传统派：谁能拿走未来的钱包   255
世代相传的购买基因   259
数字时代的挑战   263
老品牌的反弹效应   268

结论   273

前言　　决策的瞬间就像漆黑房间里亮起的灯

　　人类是无法被说服的。人类固执己见，心胸狭窄，对不同观点持怀疑态度，并且抗拒改变。强生公司的例子很好地说明了这一点。多年来，强生公司婴儿护理团队的品牌经理一直在努力试图扭转业务的颓势，但直到20世纪80年代，效果都不尽如人意。许多零售商开始推出婴儿护理的自有品牌，并使用和强生公司标志性的泪滴图案极为相似的品牌标志。这些自有品牌和市场上的其他婴儿护理品牌，比如曼恩的婴儿魔法，逐渐抢占了强生公司的市场份额。为了应对这一挑战，强生公司试图通过推出新的产品赢回市场。他们宣传这些新产品既适用于婴儿，也适用于成年人。他们还推出了一些打感情牌的宣传活动，比如提出"因为你的关爱从未停歇"这样的宣传语。但这一切都没起作用。强生公司的市场份额持续下降，没有人能找到解决方案。这很显然是个严重的问题。对强生这家消费品公司和制药巨头来说，除了泰诺[1]，婴儿洗发水就是强生公司皇冠上的那颗明珠。然而，这颗明珠现在却出现了问题。过去，强生公司的婴儿产品广告千篇一律，不断重复着年轻的母亲抱着婴儿的传统"圣母与子"的形象，似乎任何其他形式的广告都是大逆不道的。然而，作为婴儿护理营销团队的一名新成员，我注意到了一件事，那就是当一名父亲推着婴儿车在街上行走时，母亲们的目光都会被吸引过去。

我深入研究了数据趋势，发现父亲们在育儿过程中的参与度正在提高。我准备了一些关于父亲照顾婴儿的描述，然后测试母亲们对这些描述的反应。结果显示，在所有的描述中，母亲们对父亲温柔地照顾婴儿这件事最为关注。于是，我踩上高跟鞋、系上领结、穿好裙装——这是20世纪90年代女性版的权力套装——坚定地走进老板的办公室。我对他说："我知道该怎么做才能拯救业务了。"他看上去有点无动于衷，但他的反应并没有让我退缩。我继续说道："我们需要开创先河，在婴儿护理广告中加入父亲的角色。"我得意地笑着，仿佛已经看到他脑海中灵光乍现，被我的这个创意深深震撼的样子。这简直就是个不可多得的好主意。

可是老板的反应瞬间击垮了我的信心。他说："我看你是疯了吧。"不等我做任何解释，他就开始滔滔不绝地讲："购

---

[1] 一种广泛使用的非处方药，主要用于缓解疼痛和退烧。——译者注（本书脚注均为译者注）

买我们这些产品的是母亲,而不是父亲。没有任何研究表明母亲们想看到父亲照顾婴儿,即便有,也没有证据表明这么做能帮助公司提升业务。"说完,他便将我送出了办公室。

但我依然坚持不懈地在公司推动这个想法,抓住每个机会,为之奔走呼吁。我解释说,我们可以成为婴儿护理行业中第一个采用这个新视角的公司。然而,依然没有人愿意接受这个建议。随后,我收到了那一年的绩效评估,其中一条评论让我铭记至今:"莱斯利对在广告中加入父亲的角色过于执着,这表明她过度关注于营销的执行层面,而忽视了战略层面的思考。"此前我在贝恩咨询公司、哈佛大学和宝洁公司工作和学习时,一直都被认为拥有超强的战略思维。而且事实上,我也一直以此为荣。绩效评估里的这句话对我来说简直是毁灭性打击。但我并没有因此而放弃我的想法。我继续在团队会议、单独会谈,甚至在茶水间里不断地提起这个想法。我变得非常执着。

谁也不知道管理层到底是真的相信了我的说法,还是实在被我纠缠得疲惫不堪,他们最终决定采纳我的想法,在强生婴儿洗发水的广告中开创性地加入了一个父亲角色。你知道吗?那则广告成为公司有史以来评分最高的广告。公司的业务开始复苏,管理层对此欣喜若狂。

我第一次发现了"超级暗示"——一个能够触及消费者无意识心理的、改变企业命运的捷径。父亲而不是母亲给婴儿洗澡的场景,引发了人们与关爱、温柔和呵护有关的联想。这些人们熟悉的联想以一种新颖、独特且出人意料的方式得到了有力的展现。

此时，这个品牌不仅体现了关爱，还彰显了进步。这则广告展示了男性敏感的一面，塑造了每个女人都渴望的那种贴心的丈夫形象，同时传达了这样一个信息：父亲的参与能让母亲获得难得的休息时间。强壮的男性身体与脆弱、柔软的婴儿之间形成了鲜明的对比，在视觉上极具吸引力。这使得这则广告深入人心，在人们的记忆中留下了深刻的印象。从表面上看，这则广告是在推销婴儿洗发水，但在无意识层面，它将那些积极的联想全部融入品牌，这直接推动了销量的增长。

这次经历让我产生了一个深刻的认识：无论我们多么努力，我们都无法说服任何人。人们的选择并非基于意识层面的思考。人们决策的基础并不是事实，甚至都不是人们自以为的需求。人们购买产品或服务也并非出于对品牌的忠诚，也并非被某种情感所驱动。绝大多数决定都出自无意识心理中掌管直觉的指挥中心，小到选择喜欢的瓶装水品牌，大到投票给某位总统候选人，都是如此。决策的瞬间就像漆黑的房间里突然亮起一盏灯——我们眼前一亮，一切瞬间都变得清晰明了，无须任何思考。为了能更方便地说明人们做决策的过程，我们暂且将大脑的两种不同机制分别称为意识心理和无意识心理。尽管我们的大脑是作为一个整体来运作的，但实际上，对我们日常决策影响最大的是无意识心理。

对许多人来说，这是一个反直觉的概念。因为人们长期以来都坚信决策是由意识心理所主导的。这一理念在营销和广告业尤其根深蒂固。营销和广告业在美国的市场规模超过3500亿美元。

企业的营销部门、广告公司，以及众多市场研究和咨询公司，都是遵循着20世纪中期形成的那套营销规则而建立起来的。从业者希望通过这些规则来影响人们的决策，但实际上，这些规则出现的时候我们还未曾真正理解人类是如何进行决策的。

这些传统的营销规则已经深刻地形塑了我们对各类社会行为的认知，从我们如何销售产品和服务，到我们如何构建自己的论点，这些观念在我们心中根深蒂固，导致我们的孩子都将它们视为不成文的规则。我12岁的儿子竞选班长时，坚信自己的海报必须呈现出独特的信息和视觉效果。这条规则——作为营销基本原则的一部分——几乎成为我们推销任何事物时所遵循的社会准则。但实际上，人类的大脑天然倾向于与熟悉的事物建立联系，而非独特的事物。

传统的营销方式及它对整个文化的影响让我们误入歧途。它让我们相信，意识心理是可以被说服的，相信经典的营销规则是最为稳妥的。但我想告诉你，事实并不是这样的。意识心理会对试图影响它的广告、宣传或推销活动持怀疑态度，它能够意识到自己正在被营销，因此抗拒做出改变。此外，正如哈佛商学院教授杰拉尔德·扎特曼和行为经济学家丹尼尔·卡尼曼所指出的，在所有的决策中，只有大约5%的决定是由意识心理做出的。请仔细想一想，我们95%的选择都是由无意识心理做出的。然而，商业、政治和广告领域仍然依赖这种基于意识心理的营销模式。这些营销观念已经被制度化，并被广泛地传授和应用。从宝洁公司的营销部门到全球范围内的工商管理硕士课程，它们简直无处不在。但实际上这种方法无异于对牛弹琴，注定徒劳无功。

50多年来，营销人员一直遵循着这种传统的说服模式，认为只要提出更多的论据去辩论，用更多的信息去轰炸人们，花费比竞争对手更多的资源去营销，就能主导市场。但是，我们已经进入了一个新时代——直觉时代。从文艺复兴，到工业时代，再到科技革命，历史上每一个文化变革的时代，无不由某个领域的巨大进步所推动，这次也不例外。今天，这种进步体现在我们对人类大脑的理解上，它的影响已经渗透到当代生活的方方面面——从经济到政治，从教育到医疗，无处不在。

真相往往令许多人难以接受：传统的基于意识心理的营销模式已经不再奏效了。事实上，许多企业、政治家、非营利组织，以及其他各领域的领导者，沿用的都是一种不仅过时且收效甚微的营销方法。这种方法与我们大脑的运作方式相悖。难怪许多营销和广告的投资收益率低得可怜。这也解释了为什么2009—2019年，百强广告商的业务增长率下降了4%。你只能不停地在人们耳边大声呼喊，直至他们对你置若罔闻。你也可以不停地打折，直至将产品或服务几乎免费送出。现在，是时候抛弃旧的说服模式，并拥抱一种真正基于大脑实际运作方式的新模式了。

行为科学的崛起

我的营销职业生涯从宝洁公司开始，随后我又进入强生公司工作。我很快意识到，当你在大企业内部工作时，人们会希望你遵循传统的营销观念。然而，我的想法与其他人截然不同。我坚持认为在市场研究或消费者调查中，受访者的回答往往不能反映他们真实的想法。我坚信简洁的暗示比直接的说服更有效。我还认为成功的品牌在消费者心中应该拥有多重联想，而不只是单一的标志性特征。这些想法和我的市场研究工作逐渐融合，形成了一种与传统营销完全不同的工作方式。这个工作方式与宝洁公司的核心理念背道而驰，因此没有在公司内部得到认可。

作为一个不按传统方式思考问题的人，尤其作为一名女性，我常常在表达一些不合常规的观点时遭到忽视。但我没有放弃，因为我觉得自己必须坚持下去。我职业生涯早期供职的众多公司，它们旗下的一些品牌增长乏力，但似乎没有人能搞清楚其中的原因。后来当我身处全球营销的高地，为那些以品牌管理闻名的公司工作时，我意外发现，这些公司里竟然也没有人真正知道应该如何持续地推动业务增长。如果连它们都无法实现可持续增长，那还有谁可以做到呢？

我目睹了一个又一个品牌经理试图去破解消费者转化和业务增长的奥秘，他们的尝试有时会成功，有时会失败，没有一个稳定的成功模式。他们过度依赖优惠券、买一送一和会员奖励计划这类促销手段。他们盲目地接受消费者在市场调研中的反馈，尽管实际结果一次又一次地证明这些数据并不可靠。我在政治竞选中也看到了同样的情况：民调显示的方向和最终的投票结果往往背道而驰。始终没有人能够真正揭示究竟是什么促使人们选择一个品牌，投票给某个候选人，或是支持某项事业。

于是，我转而去研究消费者。我认真听取他们自信地讲述自己为什么忠于一些品牌。但当我观察他们在超市等实际场景中的购买行为时，他们所说的那些理由似乎全都不存在了。在实际的消费场景中，他们进入了"自动驾驶"模式，他们的选择是出于直觉的、无意识的。没有思考，也没有"理由"。他们只是自然而然地拿起商品。他们会解释自己每次去商店时为什么总是选择同一品牌的香皂或麦片，但实际上，这些理由只是他们做出选择后对其进行的合理化解释。在调研中，人们所说的选择某个品牌的理由很少与他们真正的选择驱动因素相一致。人们对捐款给某些慈善机构，或在政治选举中支持某个政党的解释也是一样。显然，这些选择背后有更深层次的力量在发挥作用。

1995年，我离开了大公司，创立了Triggers。这是行业首家基于行为科学原理而设立的战略咨询公司。Triggers也是第一家由女性创立且存续至今的品牌战略与市场调研公司。从那时起，我和同事就与我曾供职的那些《财富》杂志评出的世界500强公司（下文简称"《财富》500强"）紧密合作，帮助它们持续改变人们的直觉购买行为。我们的策略专家团队帮助麦当劳、保乐力加、百事和玛氏食品等顶尖企业实现了更快、更可持续的增长。我们服务的成效显而易见：当客户精准地执行我们的建议时，他们的增长率往往是前一年的两到三倍。

但我们一路走来并不容易。某种程度上，我们的理念领先了时代大约20年。在行为科学开始渗透到商业和流行文化之前，我们就已经在讨论那些在无意识层面起作用的认知捷径了。

丹·艾瑞里的《怪诞行为学》2008年才出版，而丹尼尔·卡尼曼的《思考，快与慢》直到2011年才问世。然而，这些书的出版并没有真正改变领导者们管理业务的方式。那时，行为经济学依然被看作一种有趣、小众的实践，而非品牌建设的关键。

然而，在过去的十年中，商业领域对行为科学的兴趣激增。每家顶级咨询公司和广告公司都邀请了行为科学家作为重要的顾问，有些甚至直接雇用他们。现在，《财富》杂志评出的世界100强公司（下文简称"《财富》100强"）越来越多地开始通过追踪心理可得性——情境显著性、品类关联性、差异性——衡量品牌的健康状况。不过，大多数方法仍然停留在理论层面。有42%的行为科学家表示，他们在将理论应用于组织实践的过程中遇到了困难。

幸运的是，我们能将现实生活作为我们的实验室，并能与最具前瞻性和洞察力的营销领袖们合作。他们对现状感到不满，渴望找到一种可靠的方法开启他们的大胆变革。作为各行各业的企业信任的合作伙伴，我们必须改变两类人——竞争对手的现有消费者，以及还没有使用过该类产品或服务的人——的购买行为。我们没有时间探讨理论，我们能做的只有尽快付诸实践。我们就是这样找到了那些真正有效的方法的。我们发现了人们如何做选择的奥秘，即人类决策的指挥控制中心。基于这一发现，我们意识到每个人都有能力去改变他人的看法——即使他们的直觉看似难以动摇。我们大脑中的神经通路负责形成联想和记忆，通过利用大脑中已有的通路和建立新的通路，我们可以有效地影响人们的选择，从而在不同的领域获得成功。

我们都是营销者

每一天，我们都会试图向别人"推销"一些东西。它可能是一个产品、一项服务，可能是你在工作中或课堂上的一个想法、约会时想要去的餐厅，也可能是你在即将到来的中期选举中所支持或反对的提案。它还可能是我们自己的个性、技能或经验。实际上，我们每个人都是营销者。无论你想拓展业务或发展个人品牌，还是让你支持的候选人当选，抑或是让人们认同你的想法或支持你的社会事业，你都需要以打造品牌的心态来做。

要想让你的品牌在市场上被接受并获得增长，它必须首先在消费者的心中形成认知。品牌增长与消费者认知之间的这一重要关联正在改变各公司的运作方式。大约有85%的首席执行官不信任他们的首席营销官，因为前者通常认为后者过于关注吸睛的创意，而非业务表现。的确，有许多领导者认为品牌发展是一个相对独立的领域，对收入和市场份额的增长没有直接影响。然而，这种观念其实与事实大相径庭。在消费者心中建立一个庞大而蓬勃发展的品牌，是业务取得成功的关键。

从一开始，我的团队和我就在营销和广告中利用大脑的认知捷径，帮助我们的客户从他们的竞争对手那里吸引更多的消费者。我们展示了人们的选择更多是由直觉驱动的，而不是由消费需求驱动的。通过为我们客户的品牌创造心理可得性，我们确保这些品牌在消费者心中占据首要的位置，使潜在消费者在购买时能够识别或想到这些品牌。我们的大客户对这种新方法的效果感到震惊。他们之前花费了数百万美元聘请规模比我们大一千倍的全球性咨询公司，却毫无成效。而如今，采用我们的新方法后，他们终于以极小的成本和极少的努力，迅速实现了市场份额的增长。

我们的重点不是争夺市面上的货架空间，甚至也没有特别关注品牌在广告宣传中的声量——我们专注于赢得消费者的心，确保我们客户的品牌能在竞争中获得"直觉优势"。传统的竞争优势理论认为，人们做决策主要基于产品和服务的价格和差异化程度。然而，事实并非如此。尽管现实世界的确会影响我们，但真正起决定作用的是我们内心感知到的那个世界。

竞争优势理论诞生的时代是商业领袖认为人们会基于现实而有意识地做决策的时代。然而事实上，在决策的过程中，人们往往更依赖于自己的感知，而不是客观现实。直觉优势的基础是应用行为科学，它是竞争优势的进化版本。它证明，通过触及人们的直觉，你可以在任何领域让你的产品成为他们的首选。摒弃旧的思维方式，采用新的直觉行为规则，你可以改变你的个人品牌、你的业务表现，甚至你的人生。

触及不可触及之处

通常情况下，一个组织陷入困境是因为其中的人们没有注意到消费者无意识心理的变化。消极联想在消费者的脑海中积累，通常是因为他们对比了某个品牌与其他品牌的发展趋势，发现这个品牌未能与时俱进，也未能持续为消费者提供价值。逐渐地，品牌就被这些消极联想所吞噬，从而导致品牌的影响力缩小，收入的增速开始下滑。大多数企业的领导者会将这种衰退归咎于外部因素，比如经济形势、股市行情、全球经济衰退等。

但事实是，即使在艰难的时期，仍有许多公司能够逆流而上，甚至在面临强劲的竞争对手时依然能拉动增长。其秘诀在于，让你的品牌在潜在消费者的无意识心理中生根发芽。如果你不关注品牌在消费者的无意识心理中的状态，那么等你意识到品牌出现问题时，恐怕为时已晚。无意识心理是一切的起点，而它的影响最终会以非常显著的方式在市场上呈现出来。

接下来，我将介绍一种经过科学验证和实践证明的方法，这个方法能够影响大脑中负责决策的部分。作为一名品牌战略师和行为科学实践者，我一生致力于理解人们如何做出选择。我提出了首个也是唯一一个系统性的方法，这个方法可以扩展品牌在消费者大脑中的实际规模。没错，一个想法在大脑中占据的神经连接越多，它的影响力就越大。我们这种方法简洁明了，它利用消费者的联想和记忆，已经帮助了各行各业的公司提升销售额。现在你也可以用它来加速你在任何事业上的成功。在本书的各个章节中，我将向你展示如何扩大你的品牌连接组的实际规模和显著性。这个连接组潜藏在无意识心理中，决定了人们的直觉选择。

人们最渴望的是得到认同——他们希望听到自己是对的。这就是为什么取得成功的唯一途径是利用人们记忆中那些顺应他们心理习惯，以及令人感到熟悉的事物，而不是与之对抗。

我们不是要利用某种操纵潜意识的广告技术，也绝不是通过打感情牌来宣传品牌。我们要在人们的心里植入一颗种子，细心地培育它，让它生根发芽，在人们心中留下实际的印记。品牌连接组就像一棵树，随着它的成长，你的业务和事业会不断成长，创意会越来越多，让你获得长久的成功。这种方法还能有效地促使人们购买你的品牌产品、投票给你所支持的人，或是按照你的意愿去行动。

品牌连接组在消费者心中的健康状况和规模，直接关系到公司的增长和盈利表现。当消费者心中关于你的品牌的积极联想达到一定程度时，他们就会不假思索地选择你的品牌。这就是为什么有些品牌能够不断成长，而另一些则无法做到。在政治领域，这也解释了为什么选民会在选举时习惯性地一次又一次投票给同一个政党。对公司来说，一个健康、不断扩大的品牌连接组对实现财务目标至关重要。通过利用增长触发点来增加积极联想，任何品牌、候选人或理念都能成为人们自然而然的首选。那么这是否意味着人们百分之百会选择你的品牌呢？当然不是。消费者通常会在一个品类中购买多个品牌的产品。但我们的方法可以确保你的品牌比你的竞争对手的品牌更经常地出现在消费者心中，并且让你的品牌更多次地成为人们的首选。

本书不仅是对营销行业的深入探讨或对近年来流行的心理学研究成果的介绍，它还揭示了隐藏在背后，塑造我们世界的力量，对这些力量进行了深入的解读，并且提出了应对它们的法则。对那些希望以更少的资源更快地扩展业务或推动变革，同时产生更大影响力的人来说，科学地运用直觉的力量具有深远的意义。当然，想要成功，你还需要一套全新的操作指南。在每一章中，我都会分享新的法则。我曾经用它们帮助新品牌迅速崛起，也曾用它们帮助那些已具规模但陷入困境的公司扭转局势，再创辉煌。一旦你掌握了这些法则，你将会以全新的视角看待世界。作为将行为科学应用于实际场景的先行者，我多次见证了这一方法在商业及政治领域，甚至理念推广中成功的先例。我也目睹过那些拒绝摆脱传统营销教条的公司最终一败涂地。

尽管我的经验主要来自帮助《财富》500强企业，但我提供的方法同样适用于提升个人效能，提升小型企业的市场影响力，推广某项事业，支持某个候选人，或者帮助你进入理想的大学。本书抛弃了过时的传统营销规则和说服模式，这些规则都是在50多年前制定的，那时人们相信决策是由意识主导的。但大脑并不是基于意识来工作的；我们可能认为理性和意识是决策的主导力量，但实际上并非如此。正因为如此，我们需要一套全新的法则。这些法则基于这样一种理解：无意识心理才是决策的主导力量。与旧的营销规则不同，新的法则选择与我们的大脑合作，而不是与之对抗，从而更快、更有效地改变他人的行为。理解这些法则不仅能帮助你打造自己的品牌，还能帮助你识别那些想要利用你的无意识心理的人，避免自己在他们的引导下做出任何可能对你不利的选择。

无论你是一个试图打造下一个独角兽的企业家、一个希望获得更高薪资的求职者、一个正在推介项目的自由职业者，还是一个想建立个人品牌甚至成为社交媒体意见领袖的人，你都需要理解新的规则。如果你是一家《财富》500强企业的首席执行官、首席增长官、首席营销官，或是负责追踪品牌心智份额、品牌心理可得性或品牌健康的主管，本书将为你提供一个能够显著改善现有衡量指标的方法。你可以把它看作首部对无意识心理进行营销的操作手册。运用这些规则，你可以在一次次面对机会时加快推进的节奏——让人们自然而然地购买你的品牌，投票给你支持的候选人，或支持你主张的事业。这种易于复制的方法可以确保人们在选择你的品牌时，不假思索，完全凭直觉行动。

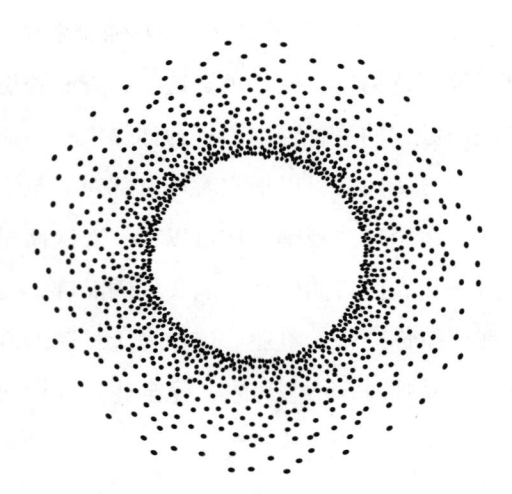

CHAPTER ONE

第一章

套路留不住回头客

让顾客买了又买的法则

用传统的方法说服他人就像开展一场艰难的正面进攻，因此你需要采取迂回战术。

安娜的演讲进行得并不顺利。她穿着一身时髦的白色西装，走进自己宽敞的转角办公室，关上门深深地叹了口气。她走向窗口，望着中央公园的美景，寻求片刻的喘息。安娜在南卡罗来纳州的一个小镇上长大，在纽约生活和工作曾经是她多年的梦想。可是现在，安娜凝望着这块被曼哈顿林立的高楼所紧紧环绕的中央绿地，开始反思自己的选择是不是错了。

安娜最近刚入职了一家美国排名前三的化妆品公司。她相信公司雇用自己是为了改变现状。这家公司曾经是化妆品行业的领军者，而如今，在这个5000亿美元的市场中，它已经从第一名滑落到了第三名——这样的业绩实在是不太好看。在公司北美区总裁对安娜的面试过程中，她未来的老板详细地解释了品牌为何迫切地需要新的定位。他希望能够看到新颖的想法、具有创新性的方案，以及一个能够"激活增长"的人。而他相信安娜就是那个合适的人选。面试结束之后，安娜这位行业新星，接受了这份任命。

在上午刚结束的那场演讲上,安娜提出品牌广告里的超模形象遥不可及。安娜认为品牌需要深入展现超模的幕后生活,揭示她们在追求美丽的过程中遇到的难题,打破人们觉得"她们一觉醒来就美若天仙"的错觉,从而明确地传达出公司的化妆品在提升外貌方面的作用。安娜花了好几周的时间去打磨这场演讲,反复推敲了所有的细节。为了确保老板不会在会前知晓她的方案,安娜没有向任何人透露过自己的想法。当她正式向老板和其他高管汇报时,她确信自己的演讲涵盖了所有的要点,也一定会给他们留下深刻的印象。然而实际上,老板不以为然。他反驳道:"我们三年前就尝试过类似的方案,但是我们失败了——消费者并不喜欢看到我们的模特不化妆的样子。"

面对质疑,安娜一而再,再而三地试图论证自己的观点。她用一页又一页的数据、表格和图例来证明自己的方案会产生正面效果,但这些都无济于事。她的老板依然觉得这个方案行不通。他说自己"看不明白这个方案为何会奏效"。在这种情况下,安娜越是努力地试图说服他,他就越是固执己见。而在场的其他高管则选择对安娜的方案保持沉默。

回到办公室后,安娜站在窗边向外张望,她突然间醒悟了。她的提案并没有问题,问题出在了她的表达方式上。她决定下次汇报的时候不再通过堆砌事实、数据和各种研究成果的方式去说服她的老板。相反,她准备套用给新品牌做营销的方式来向老板推销自己的方案。她意识到老板和公司的其他高管本质上也构成了一个市场，就像新品牌需要获得消费者的认可一样，她的方案需要获得公司决策者的认可。她决定围绕着自己的方案打造一场营销活动。

她把这场营销活动命名为"革命性的美"。活动的第一站在研发部门。她从那里了解到，公司研发出了一种新唇膏，可以让唇色保持八个小时，目前还没有竞争对手能够做到这一点。安娜认为这项技术意义重大，而公司对它的重视程度还远远不够。安娜对研发部门的副总裁说："这项技术对我们公司来说简直就是金子。"听到这样的评价，这位副总裁很高兴地表示赞同。安娜随后前往销售部门。销售部门的首要工作是通过持续发布品牌的新闻，把消费者源源不断地吸引到像CVS和沃尔格林[1]这样的药妆店里去。安娜对销售总监解释这个活动时表示，"革命性的美"不仅向品牌的创新传统致敬，也对行业变革的需求做出了回应。具体来说，这次宣传活动将带来一项重大突破——唇膏持久不掉色。美妆博主们可以与他们的观众分享这个产品，从而吸引人们去全国各地的药妆店购买。销售总监喜欢安娜的这个方案。接下来，安娜去找的人是公司的法律顾问。一般来说，公司的法律顾问只负责为诸如商标侵权一类的法律事务提供建议，但由于安娜知道这位律师是老板非常信赖的朋友，所以她和这位律师分享了自己的愿景，而这位律师也很高兴安娜特意来征求他的意见。

1　CVS和沃尔格林是美国的两大连锁药店和零售商，主要销售处方药、非处方药品、保健产品、美妆产品、日常用品等。

安娜第二次汇报的时候，她没有按部就班地展示演讲内容，而是先给大家展示了一张视觉上极具冲击力的照片。在这张照片里，公司一位深受喜爱的超模代言人站在高耸的山峰之上，她身穿印有公司品牌标识的衬衫，秀发在风中飘扬，将一个大号的金色的"1"字高高举过头顶。而在山脚下，穿着印有竞争对手品牌标识衣服的登山者们正在努力追赶。

看到这张照片，房间里的一些人轻声笑了出来。老板点点头说道："这正是我们想要的——站在顶峰，成为第一。"在安娜切换到下一页幻灯片之前，老板便说他已经听到了一些对这个方案的积极评价。安娜听到后笑了笑，随后分享了围绕公司新的持久不掉色的唇膏而设计的活动方案，并且解释了这个产品不仅将帮助公司在唇膏市场赢得更多的份额，还能让公司在睫毛膏、眼影和粉底这三个目前竞争对手占优的品类中取得突破。安娜以一张设想中的新闻报道图片结束了自己的演讲，当这条设想中满是好评的头条新闻在银幕上闪过时，她看到房间里的人们都在微笑，包括她的老板。

你也许会说这次安娜成功地说服了她的老板，但其实这与说服无关。安娜在第一次演讲的时候想尽一切办法，试图用大量的事实和图表去说服她的老板，结果适得其反，老板反而对她的建议更加抵触。但第二次的情况则全然不同。她的老板很自然地接受了演讲里出现的简明的符号和视觉元素，这些与公司黄金时代相关的信息暗示让他觉得既熟悉又舒适。公司代言人站在山巅的意象代表着公司的成就，也代表了老板的成就。这些暗示就好像从后门偷偷潜入了安娜老板的意识里，悄悄地绕开了他心里所有反对的声音。安娜的演讲内容勾起了老板对公司积极的回忆，因此她的建议畅行无阻地进入了他的大脑。

安娜在演讲中一次又一次地运用标志性的暗示元素，在已有的舆论基础上逐步叠加积极的联想。其实安娜并不一定要提前和研发部门副总裁、销售总监以及律师达成共识。获得这些在公司有影响力的人的支持，只不过是她影响老板决策的方法之一。除此之外，如果安娜的老板对方案策划的态度比较开放，她还可以从一开始就和老板共同探讨方案。其实无论采取哪种方法，核心都是要让老板尽早地、反复地听到安娜的想法，以便让与这个想法有关的神经网络在老板的大脑中逐渐成形。在这个过程中，不仅信息的输出频次很重要，内容本身也十分关键。

为什么这次高管团队的其他成员也都对安娜的提案频频点头呢？这是因为安娜在开会前就已经在他们的大脑中强化了那些与自己方案有着积极关联的神经网络。其实，他们在安娜演讲之前就已经带上了对这个方案的积极偏见。尽管安娜这次提出的整体方案与上次的一样，但她演讲的方式却与前一次有了根本的区别。安娜通过触动决策者的无意识，彻底扭转了老板的决策，也赢得了其他高管的支持。

安娜发现，无论是在职场还是在政治场合，无论是在你孩子的学校里还是在你申请大学的这件事中，事情都在以相同的方式运作着。要想成功，你必须与你的消费者的无意识心理建立联系。而传统的营销法则却与这一点背道而驰。这意味着，无论在哪种情境下，沿用传统的营销法则都只会降低我们成功的可能性。即使有一些传统的营销法则曾在过去那种市场竞争较弱、噪声也更小的时代起过作用，它们在当下的直觉时代也已经不再适用了。

有数不清的公司曾因遵循旧的营销策略一度快速发展，而随后却遭遇了不同程度的增速放缓、增长停滞甚至销售下滑。最近的一项研究分析了3900个品牌三年的发展历程，结果显示，60%的品牌能够维持它们的市场份额，仅有6%的品牌能够实现市场份额的提升，而在经历最初的增长后，能够再次迅速扩张的品牌则更为罕见。这一趋势在各行各业的数百个顶级品牌中普遍存在，这让全球的营销人员感到困惑。

当顾客的爱突然消失

如果用三个词来概括营销人员常用的有意识的说服模式，那便是更多、更多、更多。应用这种说服模式的例子包括商家给顾客发放更多的优惠券，政治家为他们的主张提供更多的论据，医药公司通过临床试验提供更多的数据，律师提供更多的事实证据。大多数品牌的管理者和广告公司的领导者都坚信，想要扩大品牌影响力就必须投入更多资源。

这种对"更多"的关注导致了一种局面：营销人员不停地在顾客耳边大声疾呼，不断地催促他们购买自己的产品，并且试图说服他们按照自己的引导行事。实际上，这种营销模式的结果往往是顾客对营销人员的话左耳进右耳出，甚至感到反感。尽管如此，这种模式依然被全世界的营销人员和广告公司广泛使用，导致大多数人都误以为这就是说服别人的最佳方法。因此，当人们想要拉票给某个政治候选人时，或者想要说服别人为某项事业或慈善组织贡献力量时，又或者想要卖掉一栋房子时，他们也会采用类似的方式试图说服别人。这种营销模式的核心假设是，只要在推销的时候叫卖得更大声、投入更多的钱、提出更有说服力的观点，顾客就一定会认同、让步，从而最终服从营销人员的引导。这种模式其实是在试图"说服"人们的意识心理。但事实上，意识心理是固执的，是无法被说服的。

这种试图影响人们意识心理的说服模式在社交媒体数字营销中可能表现得最为明显。公司的管理层会认为，如果想要更好地销售产品，他们必须与消费者保持持续不断的对话。他们担心，如果不在社交媒体上持续发布帖子和广告，他们就会被排除在这场"持续不断的对话"之外，那么竞争对手就有可能占据上风。但实际上，在当今活跃的数字生态中，这些信息更有可能消失在信息洪流里，不被消费者看到。2022年，美国平均每人每天看到的广告高达四千到一万条，这个数字是2007年的两倍。公司对更多内容、更多互动和更多点赞的无休止追求可能会损害品牌的声誉。这些信息会被成千上万条纷繁的广告冲淡和淹没，而品牌声誉也可能随着这些信息的不断流逝而受损。

这些努力与市场"保持对话"的公司往往会花费高昂的营销费用，因为它们希望这些投入能够转化成更多的关注。2022年，美国企业在社交媒体广告上的总支出达到560亿美元，而在全球范围内，品牌在社交媒体上的广告支出已经超过了1730亿美元。到2027年，这个数字预计将接近3850亿美元。但事实上，这种强调"更多"的营销模式是传统营销留下的失败的方法。这种方法之所以不奏效，是因为它针对的是人们理性的意识心理，但我们的大脑实际上不由意识心理所控制。尽管如此，市场营销人员和商业领袖在过去的100年间一直试图用这个过时的模式来说服人们选择他们的品牌、产品和服务。这并不是他们的错。他们曾受到传统规则的规训，并在这些规训下获得晋升，因此他们不得不遵循旧的规则，这些规则也早已扎根于大家对市场营销的理解之中。这些规则的问题在于它们错误的假设，即假设大脑是靠理性运作的。实际上，大脑是以非理性的方式运作的。

在哈佛商学院，我们学到的是公司的竞争优势来自低成本、差异化的产品，或是对某个特定细分市场的高度关注。这个理论看起来合理，但其实忽略了形成这些竞争优势的最重要的因素：市场对其产品的感知。很多高度差异化的品牌，甚至优质的品牌在市场上并不总能得到认可。一次又一次击败它们的是那些实际上与其产品品质相当，却能让消费者觉得更好的产品。这才是终极的竞争优势，因为它存在于人们的心智之中。另一个成熟的管理学理论"生命周期理论"也没有考虑到市场对其产品的感知对公司发展的重要影响。生命周期理论提出，品牌和产品在公司发展早期往往会表现出更高的增长速度，而随着公司逐渐成熟，增长的速度会逐渐放缓。但实践中有很多反例，很多像可口可乐、塔吉特百货或麦当劳这样的已经存在了50~100年的品牌仍然在快速地增长。

和上面这些基于意识心理的管理学理论一样，很多绩效指标的算法都以消费者在意识心理下做出的回答作为数据基础。比如品牌健康跟踪研究法[1]或净推荐值法[2]都属于这一类。无论消费者在事后填写问卷时如何解释自己的购买行为，他们在购买时其实并不知道自己为什么会选择那个品牌。这就是说，消费者在调研、问卷和小组访谈中给出的回答大多是不可靠的。在认识到了基于意识心理的研究方法的局限性后，神经营销学领域的学者提出了许多其他方法，比如脑部扫描（如脑电图、功能性磁共振成像）、情绪追踪和面部表情编码等。

可惜目前这些新技术自身也存在一些缺陷。尽管它们超越了以意识心理为基础的营销模式，但它们并没能告诉我们大脑在"幕后"的真实运行情况。例如，脑部扫描很擅长展示某种刺激如何影响一个人的大脑，比如当人感到同情、悲伤或有归属感时，大脑的某个区域会亮起，但脑部扫描无法解释这背后的原因。比如为什么我们看到某个图像就会感到快乐？想要知道为什么，我们就需要探索这现象背后的深层原因。这些新技术固然鼓舞人心，因为它们促使研究人员更加关注无意识心理的研究，但这些技术还不足以让我们深入洞察那些影响人们决策的记忆与联想的

---

1 一种用于持续监测品牌活力的方法。
2 净推荐值（net promoter score），下文简称"NPS"。净推荐值法是指一种通过追踪消费者给他人推荐自己曾购买的某品牌产品的可能性，来衡量消费者的品牌支持度的方法。

神经网络。

改变他人感知和行为的关键不在于左右他们的情绪,而在于唤起他们的回忆。我们需要理解存在于我们大脑神经通路上的联想。它既不是产品或品牌的具体特征,也无法通过人们的外在反应而被观测到,比如研究人们在不同刺激下会出现什么面部表情。传统营销模式使用的技巧,无论是发布让人们目不暇接的社交媒体帖子,还是大力开展促销优惠,都旨在改变人们的意识心理。但无论是这些试图说服意识心理的传统营销手段,还是那些声称能够影响大脑内部运行机制的新技术,都没能有效地帮助品牌实现销售和市场份额的增长。

人最熟悉的是记忆

在人们的决策过程中,事实本身并不会对决策产生多么大的影响。我们乐于相信的是那些与我们世界观相一致的信息,那些能够证明我们自身正确性的信息。这种证真偏差是社交媒体舆论发酵的基础,也助长了美国政治和社会的割裂。与我们的观点越一致的言论,越容易获得我们的关注,我们也会更多地与这样的内容互动。而与此同时,对那些不符合我们世界观的观点,我们会变得越发抗拒。

这样一来,我们在互联网上获取的信息越多,我们的观点就越固化,整个社会也因此变得越来越极端和分化。就像《美女与野兽》里加斯顿煽动那个贫穷小镇上的人们去点燃火把、猎杀野兽一样（他说"野兽会带走你的孩子……它会在夜里把他们抓走"），脸书助长了一众网民的愤怒。很显然，这带来了一个问题：如果人们如此固执己见且不愿听取其他观点，我们又该如何改变他人的想法、喜好或行为呢？

通过与人们的无意识心理建立合作，你就可以激活人们已有的记忆，从而影响他们的决策。这是一条阻力最小的途径。《重新思考》一书的作者亚当·格兰特教授在研究两种不同的心态时也得出了类似的结论。当一个人怀有对抗型心态时，这个人在与他人交流或发表观点时就像在扮演传教士、政客或检察官这样的角色：他们滔滔不绝地发表自己的观点，不听别人的看法。本质上，他们启动了有意识的说服模式，强迫他们的听众做出选择。格兰特教授将这种对抗型心态与合作型心态进行了对比。在合作型心态下，人们以类似于科学家的角色出现，他们带着好奇心去倾听对方，并在谈话中保持幽默感，他们试图在谈话中寻找更深层次的意义和双方的共同点。显然，当我们想改变他人的选择时，采用合作型心态会更为有效。

虽然格兰特教授提出了一些很棒的观点，但他没有解释清楚为什么合作型心态更加有效，以及我们可以如何利用它去影响他人的决策。实际上，合作型心态是在与人的无意识心理合作，而非与意识心理对抗。合作型心态通过与人们心中已有的观念建立联系，影响人们的直觉反应。合作型心态顺应了我们大脑的工作方式，而对抗型心态则与之相悖。

索尼影业为一档热播节目选择接班主持人的故事就是很好的

例子。2020年,深受观众喜爱的《危险边缘》节目的主持人亚历克斯·特里贝克因胰腺癌不幸去世,索尼影业需要找到一个合适的接班人。但从一开始,他们就进入了对抗型心态,也就是说,索尼影业试图用有意识的说服模式去说服观众接受新的主持人。你还记得这种方法的核心是什么吗?没错,就是"更多"。

他们试用了足球明星阿龙·罗杰斯、知名记者凯蒂·库里克,还有安德森·库珀。但观众并不买账,节目的评分从2021年1月的6.1分下降到5月的4.8分。制作人认为这些评分反映的是观众对每位新主持人的感兴趣程度。但事实并非如此。实际上,观众评分的下降反映的是《危险边缘》这个品牌的声誉在观众心中正在下滑。

我们可以理解为什么《危险边缘》的制作人最初会倾向于选择这些名人来接手节目。道理很简单,既然观众需要一个替代者,那么为什么不选择一个有名的人呢?制作人可能认为,一个有名的人会更容易与观众产生共鸣,甚至能够使节目更受欢迎。但他们忽略了一个事实,那就是在观众的记忆里,这些新的主持人与这档节目毫无关联,所以这些名人其实并不合适。《危险边缘》需要让观众逐步适应新的主持人,让品牌逐渐进化,而不是与过去的品牌割裂开来。实际上,制片方每更换一个新的主持人,品牌在观众心中的认知就会被颠覆一次。观众看到的是一些与他们对节目的既有认知并不契合的新面孔。且不说观众对特里贝克的熟悉与怀念,这些新主持人大部分之前甚至从未在《危险边缘》节目里出现过。

制片方没有基于这档节目现有的基础去选择主持人，而是大刀阔斧地改变了观众心爱的节目，这辜负了他们的期待。这种感觉就像你走进一间自己很喜欢的舒适的房间，却发现里面的家具都被换掉了。节目每更换一次主持人，观众的评分就下降一些，节目的管理层却把这些评分理解为观众对每个新主持人的评价，但直觉告诉我们，事实并不是这么简单。评分的下降体现的是品牌的萎缩，也就是观众心中《危险边缘》的品牌显著性的丧失。随着时间推移，观众对特里贝克主持的节目的记忆逐渐模糊。索尼应该做的是用一个简单的标准来选择新的主持人，那就是选择一个与特里贝克及这档节目的关联最强的人，让这个人给观众带去熟悉和连贯的感觉，而不是试图将新的主持人强行塞给观众。制片方需要绕过观众心中对新主持人的本能的抗拒（"这些人都不是特里贝克"），去潜移默化地影响他们的无意识心理。

有一位主持嘉宾符合条件：参加过《危险边缘》的知名选手肯·詹宁斯。他保持着连续赢得 74 场比赛，共赢得 252 万美元奖金的纪录。尽管索尼最终决定安排肯·詹宁斯与获过奖的女演员玛伊姆·比亚利克共同主持节目，但詹宁斯成为那个被观众誉为在 2022 年拯救了《危险边缘》节目的人。他具有辨识度，并且与节目有很强的联系。任何在 2004 年观看过他比赛的铁杆粉丝都忘不了他连续 74 次站在特里贝克的旁边的场景。

1984 年以来，特里贝克一直是《危险边缘》品牌的代言人。为品牌引入一个全新的面孔就像是在重启品牌。这就像把迪士尼的代言形象从米老鼠换成史努比，或者把美国家庭人寿保险公司著名的白鸭换成大鸟。由于詹宁斯与节目及其前主持人之间已经存在的关联,他对观众来说是一个熟悉的面孔。当詹宁斯作为主持人出现时,观众对他参演以往节目的记忆会被激活,会不自觉地倾向他。积极的倾向是一切品牌偏好产生的根源,它来自记忆的积累,这和你为何偏爱某个电视节目或是倾向于某个政党一样。当你利用他人心中的积极倾向时,你说服他们的阻力是最小的。这是因为你将自己的想法、观点或产品与对方的心中本就存在的积极联想关联在了一起。相比给别人从头开始灌输一个本不存在于他心中的观点,这种方法要容易成功得多。

当我们谈到记忆时,我们通常会认为它是模糊的或无形的。但实际上,存在于我们大脑中的联想和记忆是可以通过科学的方法观测的。营销行业可能已经习惯于将转化率、点击率和关注度视为消费者偏好和行为的风向标,但这些指标实际上都无法预测消费者下一步的行为。人们选择一个品牌而不是另一个,或者偏爱一个电视主持人而不是其他人的根本原因是,这些人和事物在我们大脑中所占据的空间大小不同。我们的联想和记忆都是有物质基础的。

"买了又买"的神经密码

在过去的 50 年里,我们对人类大脑有了更深入的理解。20 世纪 60 年代之前,人们认为大脑的发展是相对静态的。当时的科学家认为大脑只会在人们的儿童时期发育,在人们进入青少年期后，大脑几乎就定型了，并且之后再也不继续发育。但这一理论随着技术的进步、交叉领域的合作和神经科学研究的发展而瓦解了。20世纪90年代，随着成年人大脑中的干细胞被发现，科学家们开始意识到新神经元的形成，即神经发生，同样可以发生在成年人的大脑中。比如海马中的神经发生对我们的记忆、情绪和学习新事物的能力都有着重要的影响。

神经发生是神经可塑性的一种表现，神经可塑性是指大脑随着新的信息输入和经验积累而产生物理变化的能力。这意味着我们大脑的神经网络可以被改变和重组，新的神经网络也会不断生成。神经可塑性有很多类型，其中一种叫结构可塑性，这是指我们大脑的物理结构会因为我们学到新的东西而发生变化。结构可塑性在我们的一生中随着我们不断地学习而持续发生。因此，成年人大脑的物理结构是可以改变的，并且这种变化实际上一直都在发生。

在与此相关的研究里，有一个著名的关于伦敦出租车司机的例子：他们对这座城市错综复杂、蜿蜒曲折的街道了然于胸，而这些知识刺激了他们大脑的发展。一项为期五年并于2011年完成的研究显示，经过训练，这些伦敦出租车司机的海马体积高于平均值。一位出租车司机这样形容他接到乘客并得知目的地时的感受："那感觉就像是灵光一闪，你立刻就能清晰地知道该走哪条路。"伦敦出租车司机的考试被称为"伦敦知识大考"，这项考试难度极高，甚至有人称其为"世界上最难的考试"。伦敦大大小小的两万五千多条街道、地标和纪念碑在司机的大脑中占据了大量物理空间，以至于其他灰质的空间都被挤压了。研究显示，伦敦出租车司机的短期记忆要比对照组差，同时他们通过视觉信息产生联想的能力也相对较差。似乎"伦敦知识"在他们的大脑中占据了主导地位，将其他一切都排除在外了。当这些司机退休并且不再使用"伦敦知识"后，他们的海马开始缩回到平均水平。总而言之，当我们学习新东西时，我们的大脑就会得到发展。

当一个观点在我们的脑海中留下印象时，我们其实就是在与这个观点进行深刻的互动，而在这个互动的过程中，我们大脑的神经网络会重新连接。我们与某个公司、品牌或电视节目产生的深刻的互动都在重塑我们的大脑。比如，我们通过纪录片了解了一位首席执行官的故事，或者与热衷于某种果汁的母亲一起长大，又或者我们在社交媒体上看到一条吸引人的帖子——任何对我们有意义的互动都会改变我们大脑的物理结构。而联想和记忆就是在这个过程中形成的。实际上，我们的所有选择都是基于大脑神经通路上与这个决策相关的联想和记忆做出的。这些通路构成了数量庞大且相互交织的神经活动的向量网络。

正如被誉为"AI教父"的杰弗里·欣顿——他曾是谷歌大脑（Google Brain）的高级工程师兼认知心理学家——所说的那样，这些神经向量相互作用，使人们形成了直觉偏好和行为。直觉源于类比推理，是我们人类大脑很擅长的一种思考方式。以前我们以为人脑像一台"审慎的推理机器"，但实际上，欣顿解释，人脑的工作方式是不断地在数以万亿计的联想、记忆、图像、声音等信息之间进行类比，从而迅速地得出直觉性的结论。人工智能的工作方式也是类似的。事实上，正是人脑的运作方式启发和推动了人工智能技术的巨大飞跃。人工智能运行在一个类比模型上，它模仿的是人类大脑中连接组的形成过程。尽管一些大语言模型，比如2022年11月风靡全球的ChatGPT，有多达5000亿到1万亿个连接组，但欣顿指出："我们的大脑里神经元之间的连接组有足足100万亿个之多。"

这种由神经网络主导的无意识决策几乎不涉及有意识的思考，而这样的决策几乎占到我们日常决策的95%。实际上，所谓有意识的思考更多是我们对自己的直觉感受和行为的事后合理化解释。这就是为什么传统营销所青睐的有意识的说服模式在改变人们的想法上收效甚微。如果你只是告诉别人他们应该相信什么，应该投票给谁或是应该选择某个产品，他们是不会听的，你也无法在他们大脑中的神经网络上留下痕迹。相反，你需要通过走后门——利用人们的无意识心理——来改变他们大脑中实际的神经通路，从而达到你的目的。当你能做到这一点时，人们的选择就会变成一种直觉的反应——这就是品牌在赢得消费者偏好方面的终极目标。

顾客凭什么一眼选中你

说到品牌，大多数人会想到品牌的标识、产品或服务。除此之外，他们可能还会想到营销活动、广告文案，或是那些在社交媒体上定向投放的广告。人们对品牌的认知通常止步于此,但这种理解实在太过局限。品牌不只是产品或标识,而是与之相关的一切。这包括人们在大脑中围绕着品牌所建立的所有联想——可能是公司的员工、品牌的消费者,以及品牌带给人们的数不清的印象、观念和记忆。简而言之,品牌是被与它相关的联想所定义的。

无论你的品牌是什么,你都需要以超越眼前的更广阔的视角去思考它。否则,它将永远是渺小而局限的——这不应该是任何品牌的目标,相反,品牌应该追求大而广泛的影响力。用行为科学的话来说,品牌需要的是显著性,即从众多选项中脱颖而出的能力。人们的大脑每时每刻都在被各种各样的选项轰炸,品牌的显著性是决定它能否吸引人们的注意力并最终被选择的关键因素。

想要获得显著性,仅仅设计精美的标识或者投放炫目的广告是不够的。品牌的显著性是通过与人们生活中真正关心的、有意义的事物建立联系来实现的。这些事物既可以是当下的,也可以是过去的。你的品牌需要与这些事物建立许多联系,多到你的目标消费者不可能去选择别的品牌。当你的品牌能够引发人们丰富的积极联想时,你的品牌就在他们的大脑中占据了一个更大的物理空间,从而引发所谓的直觉性的品牌偏好。

直觉性的品牌偏好表现为下意识、重复的购买行为,这意味着人们将你的品牌下的产品作为他们的"首选"。他们一次又一次地购买,不假思索,就好像是处于"自动驾驶"模式一样。例如,在商店里，这种"自动驾驶"一般的购买行为意味着你的消费者每次走到货架前，都会伸手去拿可口可乐或百事可乐，或者选择高露洁和佳洁士，或者在选购黑豆时，下意识地寻找 Goya[1] 的品牌标志，就好像他们看不到其他产品一样。他们完全不需要费心思考就能做出选择，而且他们肯定也不会将所选产品与其他产品进行比较。他们只是自然地伸出手，把那罐饮料和那罐豆子直接放进购物车里。根据 Triggers 的董事总经理、前 Havas[2] 和 BBDO[3] 高管摩根·塞亚马克的说法，这种行为是如此自然，就好像他们在一边梦游一边购物一样。

从品牌的角度来看，这种消费者购买行为带来的利润是最高的，因为他们几乎不需要通过优惠、促销或者其他营销活动刺激消费者购买。优惠券、折扣或其他促销活动往往成本高昂，而且基本不能带来长期回报。虽然这些手段可以在短期内提高销量，但对品牌的长期发展几乎没有帮助，因为这基本上等于"购买"消费者的忠诚度。当品牌在无意识和直觉层面与消费者建立深刻的连接，并逐步培养出真正的忠诚度时，消费者才会自然形成直觉性的品牌偏好。直觉性的品牌偏好不仅限于产品或服务；这个概念可以用来解释人们的很多选择，比如收看哪档电视节目，投票给哪个政党，是否认可一个初创企业的商业提案，或是选择哪个州或哪座城市作为生活的地方。

---

1 Goya 是一家成立于 1936 年的美国食品公司，以生产和销售拉丁美洲风味的食品而闻名。
2 Havas 是一家全球领先的广告、传媒和传播公司，总部位于法国巴黎。
3 BBDO 是一家全球性广告代理公司，总部位于美国纽约。

那些最擅长在直觉层面与消费者建立深刻连接的品牌,通过触及人们生活的各个方面而打造出庞大的品牌生态系统,能够经受时间的考验。例如,耐克之所以能够成为人们首选的运动品牌,是因为它在人们的脑海中植入了许多与品牌相关的触点。在人们的脑海中,与耐克有关的触点比其他任何运动品牌的都要多。通过将品牌与毅力、勇气、风格尤其是成功关联起来,耐克在人们的脑海中形成了庞大的神经网络。耐克与140个联赛和组织签订了650份赞助协议,让它的钩形标识几乎出现在一切你能想到的地方——或许还有一些你想不到的地方。耐克的标志大量出现在那些具有榜样作用的运动员和团队的运动鞋、棒球帽、球衣和队服上,其数量远超其他品牌。耐克与迪奥设计师金·琼斯和品牌"像男孩一样"的创始人川久保玲等人合作,使耐克也成为国际时尚品牌,其标志出现在了顶级的时装秀场上。耐克通过自己的应用程序组织了限量版运动鞋的寻宝活动,吸引了各个年龄段最狂热的球鞋爱好者。此外,耐克还在博物馆——比如迈阿密的鲁贝尔博物馆(Rubell Museum)——举办展览,展示设计师版本的耐克球鞋,标志性的钩形标识始终处于最显眼的位置。耐克在SNKRS[1]平台上发布新品的声势,堪比史蒂夫·乔布斯推出iPhone时的盛况。这种热度让耐克的鞋子成为艺术、科技和商业等领域文化交流的一部分,其品牌连接组的影响力远远超出了体

---

1 SNKRS是耐克推出的一款专门的移动应用程序,旨在为球鞋爱好者提供获取限量版、特别版及独家发售的耐克球鞋的渠道。

育的范畴。

当消极联想进入人们的神经通路时——任何企业都难免会遇到这种情况——耐克会立即采取措施应对，以防这些负面的印象长期存在于人们的脑海中。比如，20世纪90年代，耐克因其东南亚供应商的用工问题而广受关注，这些问题包括工人薪酬过低、雇用童工，以及恶劣而不安全的工作条件等。耐克公司通过建立更严格和透明的监督制度、定期检查供应商的设备和场所、制定供应商行为准则等相关措施来回应这些负面新闻。这样一来，人们的心中反倒增加了许多关于耐克的积极联想，他们也能像之前一样继续喜爱这个品牌。当然，这并不是说耐克公司从那之后再没遭遇过争议。

另一个被人们当作首选的运动品牌是纽约洋基队（下文简称"洋基队"）。洋基队的影响力早已超越了棒球比赛本身，这使它在市场中占据主导地位，并达到了60亿美元的估值。洋基队是棒球界最有价值的球队（虽然纽约大都会队的球迷可能会对这种说法嗤之以鼻）。洋基队谨慎地为品牌建立了跨越几代球迷的积极联想，他们将球员提升到近乎超级英雄的地位，将历史上的传奇球员与当今的球员联系在一起，在球迷心中形成了一条连接着过去与当下的强大纽带。每一代洋基队的新球员都站在前辈的肩膀上，被认为是洋基队最佳球员的阿龙·贾奇（赢得了2022年美国职棒大联盟最有价值球员奖），延续了21世纪初以德里克·杰特和马里亚诺·里韦拉等人为代表的明星时代的辉煌。

球队对老球员的尊重让这种传统得以延续，洋基队通过公开的仪式永久保留顶尖球员的球衣和号码，将他们塑造为深受喜爱的偶像。洋基队球场中外野的纪念公园犹如一座博物馆，承载着过去球员的辉煌，巩固并传承着他们的精神遗产，使其代代相传。当阿龙·贾奇被任命为洋基队队长时，德里克·杰特亲自将象征着这一荣誉的球衣交给了他（顺带说一句，这件球衣上还印有耐克的标志）。洋基队的品牌本质上是延续不断的，它从未与过去割裂开来，新的球员为品牌注入了新的面孔，继续传承着品牌。通过不断巩固自身的传统，洋基队避免了本书前面提到的《危险边缘》那样的问题，让品牌在球迷的集体记忆中长盛不衰。

这是否意味着洋基队从此可以安于现状了呢？当然不是。没有哪个品牌可以这样做。如果球迷开始对球队的管理层产生不信任——要记住，球队的老板和教练组也是品牌连接组的一部分——并质疑他们的动机到底是想赚更多的钱，还是致力于赢得比赛，那么即使是备受尊崇的品牌也可能因此受损，导致品牌价值下滑。尽管洋基队自2009年以后就没有再赢得过世界大赛的冠军（我们全家都对2009年这个时间印象十分深刻，因为那年我们为两个儿子请了假，带着满心欢喜的他们从学校离开，参加洋基队在曼哈顿下城为庆祝世界大赛胜利而举行的盛大彩带游行），但洋基队仍然是体育界最卓越、最有价值的品牌。这证明，真正重要的并非实际上的卓越，而是被感知到的卓越，后者远比真实的成就更为关键。

正如我们之前讨论的那样，实际的竞争优势是有限的。品牌的成功并不来自实际的或有形的优势，而是来自品牌被感知到的优势，即品牌在消费者心中精心打造的广泛的积极联想。这种被消费者感知到的优势需要不断地维护和培养。通过引入新的顶尖球员，并在球迷的神经网络中保留旧日英雄的活跃身影，洋基队得以持续保持其品牌的显著性，在数百万人心中形成了直觉性的品牌偏好。

像耐克和洋基队这样的品牌，早已超越了运动产品类别和体育球队的范畴，它们发展成了独立的世界，吸引我们融入其中。在这一过程中，它们在各个年龄段都培养出了忠实客户。你的品牌不需要成为耐克或洋基队，也能成为人们的首选。通过了解品牌如何在人们的大脑中成长，你可以快速建立你的初创企业、宣传你支持的政治候选人，或者推动社会事业，并且，这将比你想象的更快发挥影响力。要做到这一点，你必须首先抛弃传统的基于意识心理的说服模式的营销规则，开始使用一套新的规则来帮助你利用人们的直觉。想要成为市场的首选，你需要构建你的品牌连接组，并让它在人们的大脑中不断成长，直到它占据足够多的物理空间。这样，人们就会不假思索地选择你的品牌。

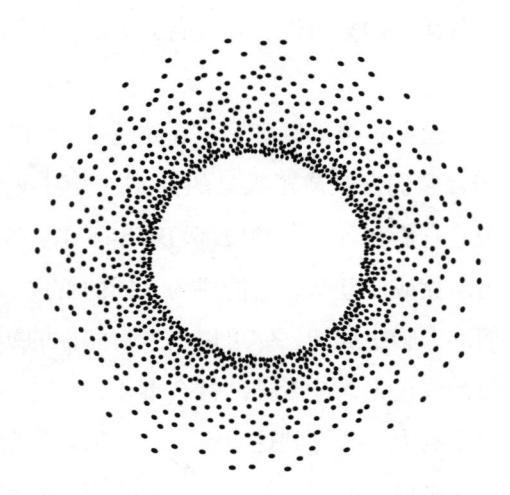

CHAPTER TWO

第二章

操控直觉的底层逻辑

让顾客买了又买的法则

选择什么不由你决定,而由你大脑中的品牌连接组决定。

戴着一副圆圆的金属眼镜，前额上有一道闪电形状的疤痕。就凭这两句话，你大概就已经知道我说的是谁了。就算你只是这部作品的普通读者，那熟悉的电影主题曲大概也已经开始在你的脑海中回荡了。也许你眼前正在浮现这部作品精美的封面或电影开篇的场景。那些与巫术、魔法和丰富的想象力有关的联想可能正在涌现。通过读书、看电影、游览主题公园和商店，或者去英国的任何一个电影拍摄地，你都可以成为这个魔法世界的一部分。一个完整的奇幻世界正等待着读者、观众、游戏玩家，无论他们是孩子还是成年人。

　　可是这个魔法世界差一点没能问世。《哈利·波特与魔法石》这部作品在被伦敦的布鲁姆斯伯里出版社接收之前，被超过12家出版社拒绝过。当被问及为什么J. K. 罗琳的杰作屡屡被拒时，她的第一位代理人克里斯托弗·利特尔表示原因很多，包括作品的篇幅和背景设定——出版社认为寄宿学校这样的情境对读者来说太小众了。利特尔解释："在将近一年的时间里，这部作品几乎被英国所有主要的出版社拒绝。"是罗琳的坚持才让这部作品得以面世。

罗琳的书稿最终来到了布鲁姆斯伯里出版社董事长的桌上，他将这本书的第一章发给了一位他信任的读者——他8岁的女儿艾丽斯。当艾丽斯坐下来开始阅读第一章时，她就被这个魔法世界深深地吸引了。她读完第一章后立刻向父亲索要了其余的手稿。布鲁姆斯伯里出版社虽然最终决定出版这部作品，但这部作品在1997年正式出版时，出版社的工作人员依然对它的潜力一无所知。布鲁姆斯伯里出版社的巴里·坎宁安甚至建议罗琳再去找一份兼职工作，因为他认为罗琳无法仅靠写青少年读物谋生。很显然，他错了。

在这个成长故事中，一个看似普通却拥有着神秘过去的孩子，踏上了一段充满魔法与幻想的曲折旅程。虽然奇幻和魔法元素早在20世纪90年代就在艺术、文学和电影中占有一席之地，但"哈利·波特"系列以一种独特的魅力激发了大众的想象力，使这个品牌在过去20多年里不断发展壮大，成为一个全球范围内无人不知、价值约400亿美元的品牌。"哈利·波特"系列的品牌价值预计还会持续增长，这不仅源于它现有的作品，还包括许多由它衍生出的作品，比如《神奇动物：邓布利多之谜》这样的前传、《哈利·波特与被诅咒的孩子》这样的续作，以及2023年推出的角色扮演游戏《霍格沃茨之遗》。

虽然也有许多其他图书被改编成电影，并衍生出玩具和系列产品，但没有一个能够像"哈利·波特"系列一样成功。这究竟有什么不同呢？J. K. 罗琳如何抓住那么多读者的想象力？为什么每个进入了这个故事的人都会一次次地回到这个世界中来？此外，这个品牌如何在变化的时代中保有魅力，并持续影响一代又一代读者？当我第一次给我儿子读这本书时，他还是个小男孩，我们俩都被这个故事深深地吸引了，这让我很震惊。与我们一样，成千上万的孩子和成年人都被这部作品吸引了。

同样的事情也发生在8岁的艾丽斯身上。当坎宁安看到他的女儿对这本书表现出强烈的喜爱时，他决定出版它。但坎宁安没有意识到的是，成年人和孩子的大脑是以同样的方式建立联想和记忆的，因此成年人也会喜欢这部作品。从《芝麻街》到迪士尼，成功的儿童作品大多能同时吸引成年人和孩子。这些作品之所以能够成功，是因为它们在成年人和孩子的大脑中都建立了联想和记忆（尽管这些联想和记忆体现在不同的层面），因此各个年龄段的人们都会喜爱这些作品。归根结底，我们都是人类。无论是成年人还是孩子，我们大脑的运作方式基本相同。

"哈利·波特"系列讲了一个好故事，但这并不是它大获成功的主要原因。其他许多青少年奇幻小说和儿童图书也有着强大的叙事能力，也构建了奇幻的世界，并塑造了一系列引人入胜的角色。比如马德琳·英格的《时间的皱纹》、J. R. R. 托尔金的《霍比特人》、C. S. 刘易斯的《狮子、女巫和魔衣橱》等。这些作品都是经典，也都衍生出了电影、戏剧、玩具和电视节目。但与"哈利·波特"系列的第一部作品不同，这些作品都没有售出超过

1.2亿册。《霍比特人》的销量至少少了2000万册。1962年出版的《时间的皱纹》仅售出1000万册。"纳尼亚传奇"系列七本书，包括《狮子、女巫和魔衣橱》在内，总销量约为1亿册。而"哈利·波特"系列七本书总共售出了大约5亿册。此外，这些品牌在电影和电视领域所创造的收入无一达到"哈利·波特"系列的高度——13部与"哈利·波特"系列相关的电影总共创造了高达96亿美元的票房收入。

和"哈利·波特"系列一样，这些作品讲述的都是很精彩的故事。书里的主人公经历了种种考验和磨难，最终实现蜕变。这些故事也充满了魔法、阴谋和令人惊叹的场景，并深受全世界读者的喜爱。然而，与"哈利·波特"系列的成功相比，这些作品的成功相形见绌。显然，除了故事本身，"哈利·波特"系列的成功还受到其他因素的影响。

"哈利·波特"系列作品的成功实际上缘于罗琳的一项能力——创造一个广阔而庞大的世界的能力，而这个世界在我们大脑中触发的触点比其他任何作品都多。这些触点来自哈利·波特的世界与我们的日常生活方方面面的关联，仿佛他的魔法世界就叠加在我们的世界之上。哈利·波特的世界让人感觉非常熟悉，这对孩子们来说尤其如此。书里的家长、课堂、课程和校园活动都是我们现实世界的奇幻镜像。一个与"麻瓜"（"哈利·波特"系列中对不会魔法的人的称呼）世界平行的世界逐渐展现出来。在那个世界里，树木可以有情感，书本可以与你对话，画像真正地活了过来，人们可以通过壁炉旅行，而且只要你知道去哪里寻找，你就能在伦敦街道里找到一个隐藏的完整魔法世界。

哈利·波特的魔法世界的每个元素在我们的现实世界里都能找到对应物，但它们又都被提升到了奇幻的维度上。在《狮子、女巫和魔衣橱》中，读者通过衣橱进入一个完全不同于现实的魔法世界。但在现实生活中，我们并不会通过衣橱旅行——我们的出行方式是开车、乘坐公交车或是搭乘火车。在"哈利·波特"系列中，9¾站台就像是我们的火车站台。现实中，站台往往是一个乏味且死气沉沉的地方，人们不得不在那里等候列车。然而，在"哈利·波特"系列中，那里有一条神秘的通道，通向那列将哈利与他的朋友们送往霍格沃茨魔法学校的火车。当哈利和他的朋友们到达学校时，校长邓布利多在那里等着他们。这位校长是我们从未拥有却一直渴望的睿智导师。魔法学校的运作方式和我们上过的学校很类似，有课程、午餐时间、学期、假期，学生有自己的小圈子，还有一些受欢迎的老师。不同的是，我们没有人上过黑魔法防御课，也没有在女厕所里遇到过鬼魂。

霍格沃茨分为四个"学院"——格兰芬多、赫奇帕奇、拉文克劳和斯莱特林。我们之所以对这样的设置感到熟悉，是因为这很像我们大学中的兄弟会或姐妹会。但在这里，大家不通过竞选的方式入会，而是由分院帽决定每个人去哪个学院。在霍格沃茨，最热门的运动是魁地奇，罗琳以美国篮球为蓝本设计，比赛现场有球门、裁判和观众，只不过大家是骑着飞行扫帚在空中比赛。在比赛中，四个学院相互竞争，这盛大的场面和心中升起的集体自豪感直接让我们的大脑联想到了奥运会或者超级碗。

在哈利·波特的世界里，一切都似曾相识，却又出乎意料。在这个世界里，任何事情都有可能发生，但对读者来说，这些事情绝不陌生。这个庞大世界的各个方面都能与我们生活的某个部分关联起来，直接与我们大脑中已有的想法、联想和记忆相连。"哈利·波特"系列的成功是必然的，这早在第一部电影上映前就已注定。这是因为罗琳创造了一个极具吸引力的魔法世界，而这个世界在占领市场之前就已经占领了人们的心智。随后，盛日电影公司、迪士尼、果冻豆（糖果制造商），以及乐高和美泰等玩具制造商迅速抓住机会，将其品牌授权用在自己的各种产品上。

那些最成功的品牌都采取了与"哈利·波特"系列相同的方法，它们创造了一个包罗万象的世界，在人们心里留下深刻的印象。当你进入这个世界后，你会发现它有一套自己的规则和价值观、独特的环境设置、不同类型的人物或角色，有时甚至还有自己的语言，比如"哈利·波特"系列里的守护神咒和飞来咒。有些人可能会认为"哈利·波特"系列的成功是一个无法复制的特例。但其实，当你理解了为何这个系列能够取得巨大成功，你就可以在任何领域取得胜利。明白了背后的奥秘后，你就可以利用它去发展自己的业务、建设个人品牌或是申请进入大学。

谷歌在设计办公室和园区时也遵循了类似的模式。谷歌园区的设计不仅考虑了功能性，而且还最大限度地增加了员工的参与度。这个科技巨头现代化的建筑设计、多彩的装饰、玩具一样的可爱家具和舒适的座椅只是一小部分体现，谷歌还提供了一整套设施，来满足员工个人生活的各类需求，比如放满健康食品的厨房、干洗机、跑步机、在楼栋之间穿行的滑板车，甚至还有睡眠舱。谷歌创造了一个包罗万象、丰富多彩的世界，推动着工作、娱乐、协作和创新的发生。再加上他们广为人知的内部软件开发竞赛（谷歌版的魁地奇），为员工提供的健康咨询和解压按摩，以及招聘时看重应聘者是否拥有"谷歌式"性格特质，谷歌成了一个让人向往的乌托邦。谷歌一直被评为最好的公司之一，每年会收到超过300万份求职申请。

过去，人力资源和企业领导者会将这些元素归类为"企业文化"，但在员工留存率日益成为挑战的当下，在公司创造一个沉浸式的世界会比打造企业文化更加有用。就像"哈利·波特"系列一样，你需要创造一个世界，通过视觉效果传递品牌的独特性，并在尽可能多的维度上吸引员工，让他们自然而然地被吸引进入这个世界。归根结底，这一切都是在遵循直觉模型，即在品牌中创造能够与人们熟悉的心理路径相连的元素，并深入触及人们生活的方方面面。这样的触点越多越好。这种无处不在的品牌影响力是通过大脑中无数个神经元的连接而实现的，品牌影响力增强了品牌在人们心中的显著性和关联度，使品牌更具辨识度。如果你的品牌想取得巨大的成功，那么它必须与人们生活的各个方面都建立很强的联系，从而让你的品牌在人们的脑海中生根发芽。简而言之，在市场上实现品牌财务增长的唯一途径，就是让你的品牌先在人们的心中生根发芽，让它从一粒微小的种子成长为参天大树，不断壮大你的品牌连接组。

品牌连接组：在大脑中织一张"记忆网"

连接组本质上是人类大脑中所有神经通路和神经连接的地图。这一概念首次提出于2005年，灵感源自科学家们构建人类基因组的尝试，即对人类基因密码的测序。2009年，美国国立卫生研究院资助了一个为期五年的项目，名为"人类连接组计划"，旨在"绘制"人类连接组的图谱。该项目的目标是帮助科学家理解人们如何做出决策。人类连接组的图谱提供了前所未有的复杂而生动的视角，展示了我们大脑的运作方式，能够帮助科学家研究和治疗中风、抑郁症和注意力障碍等身心疾病。

事实证明，在大脑的连接组中，每个品牌、想法和概念都有自己的联想和记忆网络。这些积累的联想和记忆，无论是积极的还是消极的，都随着时间的推移变得与品牌密不可分，从而形成一个我们称之为品牌连接组的神经网络。我在与沃顿商学院教授迈克尔·普拉特合写的一篇文章中向大家介绍过这个概念。人脑连接组由大脑中所有的神经网络组成，是我们思维的指挥控制中心，它决定了我们是谁，以及我们抱有什么样的观点。品牌连接组指挥和控制着我们在"自动驾驶"模式下对品牌的选择，无论是购物时的选择，还是网上投票时的决定，都在它的控制之下。

每个品牌都有其独特的连接组。在人脑连接组中，你可以选出任何一个"品牌"——可以是某个政治候选人、某个想法、某个国家，或者某个度假胜地——然后观察它在我们脑海中形成联想和记忆的过程。这些联想和记忆存在于我们大脑中数量庞大而相互连接的神经通路上。这些联想和记忆综合起来，就决定了我们的直觉如何选择。如果我们深入了解品牌连接组的内部结构，那么事情就会变得更加有趣：正是这些神经通路所形成的联想，解释了为什么有些人选择可口可乐而另一些人选择百事可乐，为什么有些人投票给共和党而另一些人投票给民主党或独立候选人，以及为什么有些人急于接种疫苗而另一些人则选择不接种。

神经网络中积累的部分联想和记忆可以追溯到童年时代。随着神经通路将一个又一个与品牌相关的记忆连接起来，你的大脑中逐渐形成了一个记忆相互交织的复杂网络。正是这些多维度的联想和记忆——图像、符号、体验和印象——的共同作用，潜移默化地影响着你的选择。你与某个品牌建立的积极联想越多，你大脑中形成的神经通路就越多，这个品牌的连接组就越强大。像苹果、麦当劳或谷歌这样的大品牌在我们大脑灰质中拥有最强大的品牌连接组。这就是为什么当我们去买纸巾时，大多数人会下意识选择舒洁，在被割伤时会拿起邦迪，在清洗白色衣物上的污渍时会选择高乐氏，在处理堵塞的水槽时会使用德拉诺。许多人甚至没有意识到这些其实是品牌的名称，而不是产品品类（纸巾、创可贴、漂白剂和下水道管道疏通液）的名称。人们只是下意识地选择了些品牌。

每个人、每个地方或是每样东西都可以被视为一个品牌。从百事可乐和可口可乐这样的消费品到摩根士丹利和高盛这样的公司，从街角的熟食店到政治候选人，从"阻止气候变化"这样的公益事业到"哈利·波特"系列这样的文化品牌，每个品牌都有其独特的品牌连接组。一些品牌连接组比其他的更强大并且更积极，从而使这些品牌显著性更强，且更具辨识度，而那些比较弱小或比较消极的品牌连接组对人们决策的影响则微乎其微，因此这些品牌就不会被我们选择。最让人印象深刻的品牌在我们脑海中占据了最多的空间。这就像在游戏《大富翁》里一样，谁在人们的大脑中拥有最多的"地产"，留下最多的"足迹"，谁就能赢得胜利。

随着时间的积累，我们会无意识地接收关于某些品牌、公司和人的信息。每一个难忘的视觉、味觉和嗅觉体验，以及与这些体验相关的人、地点和观念，都会成为我们大脑中的品牌连接组的一部分。我们可以把百事可乐或可口可乐这样的品牌理解为神经网络的中心节点，与这个品牌有关的联想和记忆会从那个中心节点出发，逐渐积累，形成一个分支状的联想生态系统。当我们之后需要决策时，这些积累的联想和记忆就是我们在瞬间做出决策的基础。简而言之，选择什么并不由你决定，而由你大脑中的品牌连接组决定。

一旦品牌推出，它就在消费者的记忆中获得了自己的生命——品牌随着与其相关的积极联想的增减而成长或萎缩。品牌连接组是由消费者对品牌的联想和记忆组成的。如果在你成长的过程中，你的母亲用的是 Prego 番茄酱，那么在你的大脑中，Prego 的品牌就会与母亲的形象联系在一起，除此之外，Prego 的品牌连接组中还有她用 Prego 番茄酱做的鸡肉帕尔玛干酪和马苏里拉比萨块这些你喜欢的食物。如果你最喜欢的叔叔在每周五放学后都会带你去吃卡维尔,那么那段珍贵的经历,以及冰激凌机做出的独特的螺旋形冰激凌,都会与其他相关的联想一起,成为你大脑中卡维尔品牌连接组的一部分。

因此,品牌的目标是要通过不断增加积极的联想来扩大人们大脑里品牌连接组的规模。关于直觉的力量,我的观点是,品牌连接组是否能够长期有效地影响消费者的行为,本质上在于它本身能否持续地成长。当我们听到一个自己尊敬的人(比如教练、榜样或我们敬仰的朋友)谈论一个新的品牌时,或者在一个熟悉的场景下看到一个品牌的广告(请试想一下你在本地的体育场内看到佳得乐的品牌标志)时,又或者接触到一个与我们观点不同的看法时,我们的大脑都会成长。如果没有这种成长,我们可能就会变得狭隘和固执。从这个意义上说,一个不断成长的大脑是一个蓬勃发展的大脑,因为这样的大脑会带来更健康、更包容的视角和行为。

请想象一颗种子。现在,这颗种子可以代表任何类型的品牌。它可以是某个公司、行业或者产品,也可以是某家餐馆、商店或者咖啡馆;可以是某位政治候选人、某个政党或某种事业,也可以是某种饮食方式、健身计划或正念练习;可以是某位首席执行官、运动员或音乐家,也可以是某件艺术品、某个音乐作品或某部文学作品。品牌可以是你能想到的任何东西。这颗种子在你第一次接触它时,就已经种在了你的心里。你的大脑需要形成新的、延伸到各个区域的神经通路。联想就像养分、阳光和水一样,你为连接组添加的联想越多,它的根系就会越发达,枝叶也会越茂盛。随着时间的推移，这个连接组就会不断地成长。如果方法得当，它会成长为一个充满品牌积极联想的完整的生态系统。当你的"品牌之树"在更多人的脑海中扎根，并与他们日常生活中的许多熟悉的事物产生关联时，你的品牌就真正地占据了他们的心智份额。

心智份额：占据大脑的大量空间

长久以来，心智份额这个词都是营销人员的常用术语。其标准定义为公众对某一特定现象的相对认知度。一些人也将获得心智份额定义为"努力让公司、品牌或产品成为顾客想到特定类型的产品或服务时，首先出现在它们脑海中的那一个"。然而直到现在，也没有人真正理解什么是心智份额，应该如何衡量它，或者如何获得它。让一个品牌始终处于被人们率先想到的位置，似乎只是一个停留在概念上的愿望，永远也无法实现。

但事实证明，心智份额不是概念上的，它有实际的物质基础。埃伦伯格-巴斯研究所的拜伦·夏普和詹尼·罗曼纽克将心智份额，也就是他们所说的品牌显著性，定义为品牌在购买场景下被注意到或想到的可能性。但直到现在，也没有人真正理解品牌显著性背后的原理。实际上，一个品牌要具有显著性，即成为消费者首先想到的品牌，它必须比竞争对手拥有更强大的品牌连接组，也就是说，与品牌相关联的神经网络的规模是决定品牌显著性最重要的因素。当一个品牌在人们大脑中占据的物理空间大到足以压倒竞争对手时，它就会主导人们的记忆，成为他们首选的品牌。品牌的显著性是结果，而品牌连接组是影响这一结果的关键因素，因此你必须对品牌连接组这个控制中心进行管理。

长期以来，很多公司一直用自己品牌的知名度与竞争对手品牌的知名度对比，以衡量自己品牌的心智份额。这是一种单一维度的视角。仅仅让品牌知名或是做好广告是不够的——心智份额需要大量多种多样的联想。品牌显著性是心智份额的进化版，也是一套对品牌建设更有用的思维方式。尽可能去创造一个最强大（最显著）、最积极、最特别的品牌连接组，你的品牌就会成为人们的首选。

以 M&M 巧克力豆为例，它的连接组之庞大、品牌显著性之高，与"哈利·波特"系列不相上下。玛氏食品自 1941 年首次发布 M&M 巧克力豆以来，就开始打造一个属于自己的 M&M 巧克力豆宇宙，它触及了人们生活的方方面面。令人惊讶的是，在当下这个强调食用生可可、天然食物和营养零食的健康饮食时代——甚至饼干怪兽都开始注重健康了——M&M 巧克力豆这个使用人工着色、人工调味的糖衣牛奶巧克力豆，却逆着当前的文化趋势，依旧保持着增长。2021 年，M&M 巧克力豆的营收高达 9.9 亿美元，年增长率为 7.7%。这一切都归功于它不断发展的品牌连接组。

福里斯特·马尔斯在 20 世纪 30 年代提出了 M&M 巧克力豆的创意，其灵感来自西班牙内战时期士兵们喜爱的零食。这些士兵在战壕间转移时，常常带着一些裹着硬糖壳的巧克力块。因为这种巧克力不易融化，便于携带。这一特点后来被马尔斯用在著名的M&M巧克力豆广告语里："只融在口，不融在手。"当时在英国也有一种类似M&M巧克力豆的糖果，但马尔斯在1941年3月获得了硬糖壳巧克力制作工艺的专利，并很快开始生产。M&M巧克力豆品牌连接组的种子就此种下。

虽然M&M巧克力豆也有过一些创新，比如在1954年推出的M&M巧克力花生豆这样的新品，但在随后的30多年里，这个品牌的产品几乎没有什么变化。直到20世纪80年代，M&M巧克力豆才开始在全球市场上变得更广为人知。当时玛氏食品推出了圣诞版M&M巧克力豆，这为之后推出的各种节日糖果打下了基础。在20世纪80年代美国航空航天局的航天飞机任务中，应机组人员要求，M&M巧克力豆甚至被带上了太空。在那时，M&M巧克力豆品牌连接组的种子已经开始发芽，并且不断成长。但直到20世纪90年代，这颗种子才开花结果。

作为美国最畅销的巧克力糖果品牌，M&M巧克力豆持续增长的收入和市场份额并不完全归功于糖衣巧克力豆这个产品。实际上，这个产品本身在21世纪的食品中显得有些过时。然而，玛氏食品对其品牌庞大且在不断壮大的连接组的精心管理和持续培育，使这个品牌在变化的时代中始终保持吸引力，持续占据消费者的心智，并在几十年中不断推动收入增长。虽然玛氏食品在20世纪50年代引入了两个M&M巧克力豆的卡通形象，但这两个形象当时并未成为公司营销的核心。直到20世纪90年代，M&M巧克力豆基于这一理念打造了一个完整的卡通角色阵容，它们才在公司的营销中占据了重要地位。1950 年，M&M 巧克力豆上的字母"m"最初被设计为黑色，后来在 1954 年被改成了白色，这后来成了这种糖果长期广为人知的品牌标志。而出现在包装和广告里的卡通角色，则让这些小小的硬壳巧克力豆变得栩栩如生。

玛氏食品采用了更像娱乐公司而非消费品公司的营销策略，给每个卡通角色都赋予了独特的个性、小怪癖和背景故事。这些角色无疑是 M&M 巧克力豆品牌连接组的一部分。它们以一种静态、无生命的糖果无法做到的方式，使品牌变得更具人情味。许多品牌都有自己的吉祥物。比如家乐氏的玉米片 1952 年引入了托尼虎；劲量公司有活力兔，它已经"不断前进"了超过 35 年。但这些吉祥物并没有像 M&M 巧克力豆的角色那样被充分地发展，使其拥有许多人类的特质。2023 年，M&M 巧克力豆的"糖果代言豆"形象被改头换面后引发的争议进一步表明了人们对这些角色有着强烈的情感，以及他们与这些角色之间形成了直觉上的连接。

尽管如此，M&M 巧克力豆的卡通角色也不是其品牌连接组的唯一组成部分。玛氏食品做了许多品牌都没能做到的事情——不断地壮大其品牌连接组，从而能够在一个日益注重健康的世界里保持品牌的显著性。从 20 世纪 90 年代到 21 世纪的第一个 10 年，M&M 巧克力豆将自己的定位由糖果品牌转变成更全面的零食品牌。玛氏食品巧妙地推出了一系列创新产品，比如花生酱 M&M 巧克力豆和椒盐脆饼 M&M 巧克力豆，从而打造品牌的零食属性。这为品牌增添了一项之前没有过的联想——M&M巧克力豆里不仅有巧克力和偶尔出现的花生，还有真正的食物。玛氏食品的营销重点也从产品的硬糖外壳转向了糖果里面的内容：丝滑的花生酱和酥脆的椒盐脆饼。M&M巧克力豆有一款出色的包装设计，巧妙地展示了橙色的M&M巧克力豆通过X光机，其内部的椒盐脆饼透过糖衣清晰地显现出来。这不仅立即向消费者传达了这款糖果的食品价值，还体现了公司的产品成分十分透明。

  为了增强消费者对这种新的联想的认可，公司推出了与烘焙相关的食谱和配件，比如量勺和搅拌碗，试图让大家将M&M巧克力豆与烘焙联系起来。这一方面能让大家联想到真正的食物，而不仅仅是"糖果"，另一方面也让人们的大脑将M&M巧克力豆与烘焙这种其乐融融的家庭活动联系起来——父亲母亲与孩子、爷爷奶奶与孙辈一起擀开面团，将M&M巧克力豆撒在里面，静待饼干在烤箱中逐渐膨胀，然后将它们放在冷却架上，等它们缓缓降温收缩，最后大家再共享这些美味的成果。当然，玛氏食品不会告诉你的是，你的大脑此前早已建立了大量与烘焙有关的积极联想，而M&M巧克力豆只是借用了这个已有的联想。现在，当你看到一包M&M烘焙巧克力豆时，你的大脑会自然而然地将这个品牌与和奶奶一起烘焙的美好感觉联系起来。你不会把M&M巧克力豆视为人工着色或者人工加工产品，因为那些更为积极的联想在品牌连接组中占据了主导地位。这解释了为什么我们会依据直觉，选择货架上的M&M巧克力豆而不是其他零食。M&M巧克力豆能让人感到一种没有负罪感的快乐。

M&M巧克力豆的品牌连接组不断扩展，进入了许多它曾经看似不太可能涉足的领域，而现在我们已经对此习以为常了。以球队为例，你可以在网上购买印有你最喜欢的足球或棒球队队徽的M&M巧克力豆产品，顺便还能买些M&M巧克力豆主题的运动服。糖果和棒球能有什么关系呢？其实没多大关系。但棒球是美国的一项传统运动，而波士顿红袜队（下文简称"红袜队"）或洋基队的粉丝收到一袋印有球队标志颜色的M&M巧克力豆会非常开心。如果你收到了这袋糖果，你也会开始将这个品牌与你最喜欢的球队联系在一起。可能许多人都知道，有些体育迷是非常狂热的。他们对自己家乡的球队有着极大的热情。这种对红袜队或其他球队的热情，某种程度上也会不自觉地转移到M&M巧克力豆的品牌上。品牌可以通过重塑大脑的神经网络，影响人们的直觉品牌偏好。

与M&M巧克力豆有关的联想不断地被建立起来：当M&M巧克力豆的卡通角色穿上自由女神的服装或是打扮成白金汉宫的卫兵时，它们就与消费者的民族自豪感建立了联想。当绿色的M&M巧克力豆被塑造成玛丽莲·梦露的形象，重现她的裙子在地铁通风口飘起的经典镜头时，或者其卡通角色模仿披头士乐队那张销量超百万张的专辑《艾比路》封面上的经典照片时，一些新的联想也随之建立起来。我们喜欢的电影明星、摇滚明星、演员都被添加到那个庞大而醒目的M&M巧克力豆品牌连接组中。玛氏食品还专为不同的季节和节日量身定制包装设计和产品颜色，比如冬天的红、绿圣诞配色，7月4日的美国独立日红、白、蓝配色等。

M&M巧克力豆将品牌与我们生活中熟悉并喜爱的事物联系起来，从而获得了积极的联想。甚至在你阅读本章节的这一部分内容时，这种联想也在发挥作用。也许你从没见过装扮成披头士的M&M巧克力豆卡通形象，但现在在你的大脑中，M&M巧克力豆与披头士之间已经建立了一条神经通路。同样，M&M巧克力豆与玛丽莲·梦露和新鲜出炉的烤饼干之间也建立了这种联系。

随着品牌影响力不断扩大，大脑在品牌和我们的生活之间，建立起越来越多的联想。这些新的神经通路慢慢地扩展M&M巧克力豆的品牌连接组，使其变得越来越庞大。这种连接并不是自然发生的，而是品牌努力"迫使"消费者的大脑在神经元之间连成通路，进而形成新的神经网络。现在，M&M巧克力豆引发的联想不再只有糖果这么简单了，而是像一场爆炸一样引发了成千上万个联想，在大脑中形成了一个庞大且占据主导地位的生态系统。

因此，这些积极的联想在这个人工着色糖果的周围创造了一个虚拟的"善意的保护层"，提升了M&M巧克力豆的声望和品牌显著性，使其成为一个标志性的首选零食品牌——即使在当下这个注重健康饮食的时代中也依然如此。从烘焙、爱国主义到深受喜爱的名人和球队，正是这些生活中的多样化的触点的共同作用，使M&M巧克力豆成了一种被人们广泛接受、在直觉下被优先选择的零食。

但如果你是一家小公司或初创企业怎么办？不是只有像M&M巧克力豆那样大的品牌才能引导人们直觉下的选择。即使你还在初创阶段，你也可以建立一个能够媲美这个行业里大玩家的品牌连接组。你可以通过监控和分析他们的品牌连接组，研究人们可能对他们产生的联想，从而了解他们的弱点。这个方法能够帮助你准确地为你的企业、事业或是想法找到合适的定位。

在许多方面，刚起步的小品牌反而更具优势，因为它可以有意识地打造自己的品牌连接组。这样你就可以更好地追踪它的成长并且管理它的发展轨迹。此外，与那些积累了很多积极或消极联想的老品牌不同，你的品牌还是一张白纸，这意味着你可以更精准地选择品牌的营销和传播方式，以便更好地实现你的目标。

如果方法得当，有关你的品牌的联想会占据大脑大量的空间，你的品牌也会因此成为人们直觉的选择。所以，为了真正地占据心智份额，并让人们做出你所期望的决定，你必须在人们的大脑中扩大你的品牌连接组，不断培育和发展出新的分支和根系，持续拓展相关的神经通路，我将这个过程称为"大脑分支"。

决策树的分叉法则：持续生长新的记忆

大脑是一台学习机器。当大脑学到有关品牌的新知识，并认为这些知识具有意义时，新的联想就会被添加到大脑现有的树突或分支之上。但当这些分支被填满之后，新的信息就无法被承载了。因此，大脑必须长出新的分支，也就是树突分支来容纳这些信息。就像植物长出新的枝叶一样，大脑分支的过程意味着与品牌有关的新的联想和记忆在不断增加，说明品牌是健康的，它在人们的大脑内持续地进化和成长。如果有关品牌的联想被大量添加进大脑，那么这个品牌在大脑的记忆里就会占据更多的空间，从而成为人们的直觉选择。

比如很多人都知道的在任优势就是一个例子。在任优势是指在任的政治人物比他们的对手更有可能赢得竞选。在美国总统选举中，这一趋势自乔治·华盛顿于1792年连任以来就一直存在。这种优势在美国国会的选举中也很明显，比如在2020年的选举中，93%的在任者赢得了各自的竞选。类似的情况还有很多，比如1964—2022年，美国众议院的连任率平均为93%，美国参议院的连任率则为83%。这些数据并不令人惊讶。在任者在任期内获得了多年的曝光，建立了他们在公众中的声誉。这种反复的曝光相当于免费为自己打了价值数百万美元的广告，这无疑增加了在任者成功连任的概率。但这不是唯一的原因。

总统在任期间拥有更高的声望和重要性，主要是因为他们与积极的联想紧密相连。我们经常看到他们与各国领导人互动，在联合国发言，在椭圆形办公室签署法案。在国情咨文演讲时，他们站在美国国会大厦的众议院会议厅的讲台上，背后是巨大的黑白大理石柱，美国国旗庄严地垂挂在后方，金色的权杖耸立在两侧。这些象征物本身就传达了稳定、民主、坚韧和持久的信号——实际上，它们是我们社会中最具激励性的符号。

当现任总统和这些象征物一起出现时，与这些象征物有关的积极联想便自然而然地与他们建立起来了。品牌是因与其相关的联想而被认知的，因此以上列举的积极联想会提升我们对在任总统的重视和尊敬，仿佛我们的心智自然地将他们置于一个崇高的地位上。

国会议员的选举也是类似的。当我们看到他们在讲台上发表演讲时，与不同团体、各个州和国家的领导人会面时，或出席重要的听证会时，积极联想在我们的大脑中不断地建立新的物理连接。我们越多次看到他们以积极的形象出现在这些权力位置上，我们大脑中与他们相关的分支就会越多。诸如力量、领导力和重要性这样的象征意义就会被实实在在地植入我们的大脑中。难怪在任者难以被击败。他们在选举中失利的唯一可能是，他们的品牌连接组中的消极联想超过了积极联想。

候选人越多地触及人们生活中积极的触点，选民对他的认可度就越高。这就是为什么巴拉克·侯赛因·奥巴马在竞选时会出现在《观点》和《吉米·坎摩尔直播秀》等节目里，而他的妻子米歇尔·奥巴马则在2013年的奥斯卡颁奖典礼上为获奖者颁发最佳影片奖。奥巴马的团队似乎直觉般地知道，触发这些额外的触点可以将奥巴马的品牌连接组从政治领域扩展到大众流行文化领域，从而不断地在人们脑海中建立更多的分支，让对手难以超越。当人们的大脑中不断地长出新的分支时，它们仿佛接管了人们的心智。它们移除旧的联想，带来新的联想，并且避免品牌连接组遭受来自竞争对手的攻击。当然，扩展一个庞大且强壮的品牌连接组不仅可以让在任者赢得竞选，也可以帮助任何一个个人品牌取得成功。任何想要建立个人品牌的人，都可以从那些被称为"史上最伟大的人"的成功之路中学到很多。

在格威妮丝·帕尔特罗的品牌古普（Goop）、奇普·盖恩斯和乔安娜·盖恩斯的马格诺利亚（Magnolia），以及杰茜卡·阿尔芭的诚实公司（The Honest Company）这些现代知名的生活方式品牌出现之前，奥普拉·温弗瑞是第一个将个人品牌扩展为真正的生活方式品牌的名人。她最初在纳什维尔的一家地方电视台担任晚间新闻的联合主播，凭借充满魅力的对话风格，她迅速吸引了观众的注意。1986年开播的《奥普拉·温弗瑞秀》迅速取代了菲尔·多纳休的节目，毫无悬念地成了美国排名第一的日间谈话节目。

奥普拉成功的原因很简单。对观众来说，她像是一位来家里聊天的朋友，让人感到亲切。她是一个值得观众信赖的人，她也信任自己的观众。她坦诚地谈论自己在减肥上所做的斗争，她愿意公开谈论童年时遭受性侵的经历，也敢于表达自己对各种话题的看法。在观众的心目当中，奥普拉不只是一个脱口秀主持人或一个名人，她更像是一位知心的朋友。随着奥普拉反复地出现在观众面前，观众大脑中关于她的品牌连接组在不断地增长，甚至对她产生了如同家人一般的亲切感。某种程度上，奥普拉成了观众的一部分，因为她进入了观众大脑的记忆里。

虽然这解释了奥普拉最初的崛起，但这并不是她取得非凡成就的全部原因。她的成功还在于将品牌扩展到了娱乐之外的许多其他领域。就像"哈利·波特"系列和 M&M 巧克力豆一样，她让自己的品牌触及了我们生活的方方面面，这使她的品牌连接组不仅在她的观众的脑海中生长，也在普通公众的心智中不断壮大。她成了 WW[1] 的品牌代言人，创办了一本杂志，创立了世界著名的读书俱乐部，建立了奥普拉·温弗瑞慈善基金会并捐赠了 4 亿美元用于各种事业。一档电视节目似乎对奥普拉还不够，她还创办了一个内容全面的网络频道——奥普拉·温弗瑞网。人们将她的营养建议、食谱和减肥秘诀视为金科玉律。她的读书俱乐部向人们介绍最优秀、最有才华的作家。他们的书一旦在奥普拉的节目上被推荐，销量通常会在节目播出后的一周内大增 420%。

奥普拉的品牌延伸到生活的方方面面，而每个触点又都会触及我们生活的其他方面，最终这些触点多到难以计数。她的品牌是多维度的，在我们大脑的神经网络中占据了主导地位。无论你是她忠实的观众，还是从未完整观看过她节目的人；无论你是 15 岁，还是 95 岁；无论你住在美国，还是阿富汗，这些都不重要。奥普拉的品牌连接组的分布极为广泛，这让她在全世界都享有盛名。

她曾经是，并且现在依然是一个有远大抱负又能鼓舞人心的女性。她从最开始的一无所有，到 21 世纪初成为首位黑人女性亿万富翁，同时领导着一个庞大的媒体帝国。但不知为什么，她仍然让人觉得她是我们普通人中的一员。2020 年美国总统选举前，

---

1 前身为 Weight Watchers，是一个全球知名的健康与体重管理品牌。

由《PBS新闻一小时》、全国公共广播电台，以及马里斯特[1]一起进行的民意调查显示，一半的注册选民表示如果奥普拉参选，他们会投票给她。如果她真的参选，又会是怎样的情景呢？凭借她那强大而且多维度的品牌连接组，她或许真的拥有足以超过在任者的优势。

在奥普拉的案例中，我们可以看到，通过在多个领域广泛播撒种子，而不是仅在一个地方耕耘，可以让品牌连接组在人们的大脑中不断扩展。同样，对在任者来说，通过多种多样的方式在公众心中留下印象至关重要。那些通过多年积累，在选民心中建立起品牌连接组的候选人拥有巨大的优势，而新的候选人则需要努力打破人们对在任者的印象，并且迅速地建立自己的品牌。像奥普拉这样的名人之所以能取得如此巨大的成功，是因为他们能够发展出积极且庞大的品牌连接组。奥普拉最初也和所有人一样，只是一颗无人知晓的种子。这就是大脑分支这一概念在实践中的奇妙之处。只要遵循不断建立和扩展品牌连接组的规则，任何人都可以成功，关键在于建立广泛的连接。要想成功，你必须扩展你的品牌，让它在公众的脑海里不断成长。通过在人们的大脑中不断叠加有关你品牌的联想，你就能够创造出令人难以置信的品牌显著性，让它成为人们在众多选择中的首选。

一切都从最初的那颗种子开始——无论是一本书的开篇、一颗巧克力的糖衣外壳、一场政治竞选，还是一份在当地电视台

1　一个由美国私立大学马里斯特学院运营的民意调查机构。

的工作。在本章的开头我提道,唯一能让你的品牌在市场上实现财务增长的方法,是让品牌在人们心中种下一颗种子,然后培养它长成参天大树。其实,有一棵树很适合用来比喻品牌连接组,虽然读者可能对它不太熟悉。它就是提玛玛·马里马努(Thimmamma Marrimanu),一棵位于印度东南部、已有550多年历史的榕树。它对佛教徒、印度教徒和其他起源于东亚、南亚、东南亚地区的宗教的信徒具有重要的宗教意义。这棵树拥有全世界最大的树冠,覆盖面积约为两万平方米。

如果从上方俯视这棵树,它巨大的树冠填满了整个视野,在这片干旱的土地上成了坚持、生命和成长的象征。尽管它只是一棵树,但其枝干向四面八方延展,彼此交织,俨然形成了自己的森林。这棵树庞大的根系在地下蔓延。它的生长并非仅依靠自身——当地的林业部门精心呵护着它,促进幼根的生长,也维护大根的生长。你的品牌连接组也可以像提玛玛·马里马努一样茁壮地成长,但你必须不断地为它提供水分、土壤和养分。如果你不这样做,你的品牌就永远无法发挥出它全部的潜力。

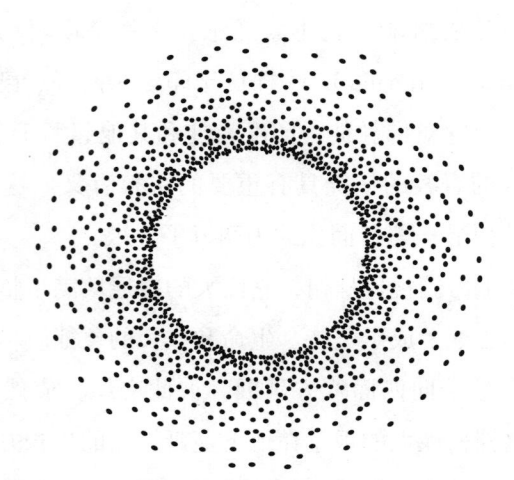

CHAPTER THREE

第三章

增长触发点：顾客的"续费按钮"

让顾客买了又买的法则

你不能强迫人们购买你的品牌，但你可以改变他们的直觉行为。

一个品牌的奶酪产品线涵盖了各种类型、形状和尺寸的奶酪，但你却很难在产品的包装上找到奶牛的踪影。

　　20世纪90年代中期，一家大型奶酪公司似乎在遵循着一个不成文的原则，即在所有的包装和广告中避免出现奶牛、奶牛场和谷仓的形象。他们没有专注于宣传奶酪的来源，而是将重点放在了产品的便利性上。品牌大力推广预先切碎的奶酪，并推出了一系列在市场上大获成功的新产品。切碎的奶酪让美国忙碌的父母在准备饭菜和零食时变得更轻松、更容易，当然也更快。当孩子们吵着要吃玉米片时，谁还有时间拿出刨丝器来刨一块奶酪呢？

　　公司将切碎的奶酪装入不同形式的包装中进行销售，比如用于比萨之夜的马苏里拉奶酪、用于墨西哥卷饼的特色奶酪混合物、用于给早餐鸡蛋增添风味的辣味胡椒奶酪等。这些奶酪的销量高达数百万份。但是，由于品牌几乎所有的广告和促销活动都把关注点放在这些预先切碎的奶酪和带密封条的塑料包装上，新的意想不到的联想开始慢慢在消费者心中积累起来，而公司高层对此一无所知。随着时间的推移，这些联想变成了消费者选择这个品牌的奶酪时潜在的心理障碍，即这种预先切碎的、预包装的产品根本不是真正的奶酪，而是经过高度加工、非天然的人工调制品。自那以后，这个品牌的市场份额一直在下降。

也许他们拒绝在包装上展示奶牛的形象，是因为公司将奶牛与粪便的气味、肮脏的环境，甚至全球变暖联系在了一起（毕竟，奶牛是农业领域温室气体排放的首要来源）。或者是因为他们觉得，公司需要避免那些被乳制品品牌普遍使用的视觉元素。不幸的是，作为全球最大的奶酪公司之一，他们不使用"源头图像"，即不展示与食物来源相关的视觉元素，这种做法使市场上出现了巨大的空白。

与此同时，几乎所有的超市，从奥乐齐到西夫韦再到克罗格，都推出了自己的奶酪品牌，如快乐农场、卢瑟恩乳品农场。这些品牌在包装上印满了红白相间的谷仓、银色的筒仓和荷斯坦奶牛的图案。这些品牌成功地从老牌奶酪公司那里夺走了相当大的市场份额。尽管消费者最初会觉得老牌奶酪公司的产品优于超市自有品牌，并愿意为之支付溢价，但逐渐地，人们开始相信这些超市自有品牌的奶酪也不错，甚至可能更好。然而，这家老牌奶酪公司的包装上依然没有奶牛的身影。

如果你问消费者，什么样的奶酪最吸引他们，最受他们的喜爱，他们会提到比萨上拉丝的奶酪、汉堡侧面溢出的融化的奶酪片，或是美味的千层面里入口即化的奶酪。但如果你问同样的一群人，什么样的奶酪是优质的奶酪，浮现在他们脑海中的图像则会完全不同。他们脑海中普遍会出现奶酪轮和楔形奶酪，以及奶牛、奶牛场和蓝天白云下的绿草地。甚至他们联想到的地方都一样——比如威斯康星州的乡下和佛蒙特州的田园牧场，以及其他靠近奶酪产地的地方。这些都被人们视为高品质奶酪的象征。

由于没有任何授权方面的限制，自有品牌纷纷在包装上采用"源头图像"。随着与奶牛场、奶牛和天然奶酪有关的积极联想被添加到超市自有品牌的连接组中，许多神经通路开始在人们的大脑中生长。逐渐地，超市自有品牌的品牌连接组变得越来越庞大。随着与品质和专业性相关的联想增加，这些超市自有品牌在消费者心中的显著性也随之提升。超市自有品牌的奶酪成了消费者的直觉选择，而老牌奶酪公司的品牌连接组则充满了消极联想，显著性不断下降。这听起来令人难以置信。毕竟，这家老牌奶酪公司是美国最先将奶酪销售给大众的公司之一，它在乳制品领域的专业程度毋庸置疑。然而，在消费者的无意识心理中，事实并不重要——重要的是消费者的感知和由此产生的联想。

消费者不需要通过广告来了解奶牛场、奶牛、奶酪轮和楔形奶酪这些图像的意义，也不需要广告来告诉他们哪个品牌的奶酪更健康、天然、原汁原味。美国社会对此早已形成了认知，这些联想已经在人们的记忆中根深蒂固。奶牛场、奶酪轮和楔形奶酪，这些图像给人一种真实可信、接近产品源头的感觉，因此在人们心中有着特殊的地位——无论是老品牌还是新品牌都可以借助这些联想。品牌并不是要通过联想引起消费者一时的情感波动，而是要利用这些已经根植于人们神经通路中的联想，在消费者心中形成长期、稳定的影响。利用已经存在于人们大脑中的联想和记忆来影响他们的行为，是一种阻力最小的方法。请注意，我们与品牌或产品之间的情感连接是积极联想引发的结果，而不是其产生的原因。

2005年以来，心理学家丹尼尔·卡尼曼等人让我们看到了决策的非理性本质。卡尼曼的《思考，快与慢》一书广受欢迎，改变了人们对行为科学的认知。整个营销和广告行业也纷纷跟风，却误入歧途，得出了错误的结论。他们认为，既然人们的决策是非理性的，那么品牌就需要有感情地与消费者沟通。

可是情感连接并不是通过有感情地沟通来实现的。情感连接至今仍然是营销领域最常被误解的概念之一：消费者没有所谓的对品牌的爱，而且情感连接不是通过公开表达情感来建立的，也与营销的内容无关，无论这些内容是幽默的、伤感的还是怀旧的，也无论这些内容被设计得多么巧妙。情感是转瞬即逝的——你可能会笑一笑，但那种感觉很快就会消失——它们不会进入人们的记忆中。相反，你需要利用人们脑海中已有的联想，并将它们与你的品牌联系起来——这才是建立情感连接的方式。

那家老牌奶酪公司最终也开始在包装上使用楔形奶酪和奶酪轮的图案，并在包装上突出"天然奶酪"的字样。尽管这种做法帮助公司挽回了一些被自有品牌抢走的客户，但公司的市场份额始终未能完全恢复到历史最高水平。品牌在强调奶酪的便利性的时候，本应该同时融入奶牛场和优质奶酪的联想。例如，他们可以展示一位大师级的奶酪师傅从奶酪轮上切下一块奶酪，向消费者展示这些切碎的奶酪实际上源于哪里。如果这些图像和理念能够一起呈现给消费者，那么品牌就可以同时传达出"天然"和"便利"的多重信息，从而提升品牌显著性。

与营销行业普遍存在的观点相反，在营销中打感情牌其实并不奏效。你不能强迫人们爱上你的品牌，就像你不能强迫别人爱上你一样。不仅是爱，任何过于情感化的广告，如果不能创造持久的积极联想，都无法提升品牌显著性。对幽默的运用也是同样的道理，如果运用得当，幽默可以进入人们的记忆，成为打造品牌的好方法。可惜广告公司优先考虑的往往是引人发笑，而不是建立品牌的显著性，这样一来，品牌和它能带给消费者的价值就被幽默掩盖了。让我们来看看2023年超级碗上的例子。Quiznos[1]花费了数百万美元制作和播出其"海绵猴"广告，广告里一群毛茸茸的小动物唱着关于三明治的歌曲。虽然这个广告引发了一些笑声，但并没有推动业务。同样的情况也发生在当年彩虹糖[2]的广告里。在他们的"彩虹糖水痘"广告里，彩虹糖爱好者感染了一种传染病，五颜六色的糖果长得满脸都是（他们甚至还吃掉了这些糖果）。但由于广告没有传达出彩虹糖的美味或者糖果会给人带来快乐的信息，这项广告的投入未能产生相应的回报。当幽默或愚蠢的笑料超越了故事本身，那么品牌和它能带给消费者的

---

1 Quiznos 是一家主要销售三明治的连锁餐厅。
2 彩虹糖由生产 M&M 巧克力豆的玛氏食品的子公司生产，外形设计与 M&M 巧克力豆十分相似。

价值这些有意义的信息就无法进入人们的记忆。

但如果你了解品牌连接组和积极联想如何主导了人们的选择，那么你就可以利用这一切自然而然地影响人们的行为。这样他们就会一遍又一遍地选择你的品牌，在任何领域都是如此。当你把品牌与人们所关心的理念联系起来时，你才能触及他们的直觉。以奶酪为例，消费者越来越偏好天然食品而非加工食品，但这并不意味着当他们在超市挑选罗克福奶酪[1]时，会有意识地考虑这些问题。与天然、新鲜的食品有关的联想已经储存在他们的记忆中了。正如我们讨论的，想要品牌在市场上获得增长，你必须在客户的无意识心理中增加积极的联想。而要做到这一点，你需要增长触发点的帮助。

调用五种感官传达暗示

增长触发点是一个简洁的快捷方式，它可以通过我们的五种感官传达积极的联想和丰富的含义。这些充满能量的图案、文字、声音、气味，甚至触感，能够触发已经存在于我们大脑中的记忆、印象和美好感受。增长触发点依赖于我们已经熟悉的事物，像特洛伊木马一样，悄无声息地将品牌的新理念植入我们的脑海。一旦这些理念进入了我们的脑海，它们便会进一步引发更多的积极联想。这些联想被储存在大脑的不同部位，并不断扩大其影响

---

[1] 罗克福奶酪是羊奶蓝纹奶酪的一种，需要至少 90 天的发酵成熟期，加工过程复杂。

力。增长触发点可以用于品牌传播、客户体验和产品开发，从而推动更加成功的创新。

增长触发点本身就能够清晰地传达信息，不需要额外的解释或说明。这就是为什么它在广告传播方面如此高效。与奶酪相关的奶牛、奶牛场、奶酪轮和楔形奶酪就是完美的增长触发点，它们在我们的大脑中关联了许多的积极联想，占据着主导地位，以至于我们自然而然地会被它们吸引。而且，这些增长触发点对所有消费者都适用，如果一个符号或暗示只对小部分消费者或特定的群体有效，那么它就不能算作一个增长触发点。

通过将品牌与这些增长触发点关联起来，你可以在目标消费者的大脑中快速拓展你的品牌连接组的物理空间。这一点是无法通过"打感情牌"的方式做到的。无论是感人的内容，还是幽默的话语，即使再巧妙，也难以用于与消费者建立深厚的联系，因为这些内容引发的情感是短暂的，它们并不会长久地留在人们的记忆中。消费者对品牌的情感连接实际上并不是通过品牌表达情感来实现的。只有当品牌使用的增长触发点与目标消费者心中已有的理念相匹配时，情感连接才会发生。

你可能还记得我在前言中所说的，当我终于说服强生公司的老板把父亲的形象加入婴儿洗发水的广告时，我第一次发现了一个超级暗示：父亲温柔地照顾婴儿的形象传达了一系列积极的联想，包括强壮而体贴的父亲，以及终于可以休息片刻的母亲。如果你想将积极的联想注入你的品牌、理念、事业或产品，这样的暗示就至关重要。尽管这看起来有些违反直觉，但品牌与消费者建立情感连接不是通过表达情感来实现的，而是通过使用那些大脑熟悉的、蕴含着大量积极联想的暗示。

每个品类和品牌都有一些基本的暗示，而它们的数量是有限的。这意味着为了推动品牌的成长，你要善于运用整个品类的增长触发点，而不能局限于你的品牌特有的暗示。如果忽视了这些重要的增长触发点，你就会在整个品类里失去竞争力。对那家老牌奶酪公司来说，奶制品品类中最有力的暗示和符号是健康、天然、贴近本源的图像，这家公司却不使用这些元素，难怪其他超市自有品牌可以在奶酪市场迅速崛起。当消费者看到带有增长触发点的品牌时，品牌的定位会在一瞬间与他们脑海中的既有认知完美契合，就像两块拼图紧密地嵌在一起。然后，直觉就会主导人们的选择。品牌不需要投入大量的广告，也不需要发放优惠券，仅凭产品的包装设计就能做到这一点。

然而，增长触发点的应用远不止于视觉包装。在品牌与消费者的每一次互动中，每一种感官的暗示都可以发挥强大的作用。这些互动可以是发布社交媒体内容、投放广告、举办现场活动，甚至是首席执行官发表演讲或是举行财报电话会议——任何与消费者的互动时刻，都是一次增强品牌印象的机会。如果你想寻找使用增长触发点的创新方法，你可以你想一想：为什么笑牛奶酪[1]会被设计成一个由多个独立的楔形奶酪组成的奶酪轮呢？

---

1 笑牛奶酪是一个来自法国的著名奶酪品牌。

增长触发点本就在心中

增长触发点本就存在于我们的心智当中。它们就在那里，品牌要做的只是找出它们。许多增长触发点就存在于行业中，一旦你知道自己要寻找什么，你就会发现它们无处不在。以金融服务行业为例，在线交易的引入、金融科技的诞生，以及不断变化的市场，都在持续推动行业的增长。根据 Investopedia[1] 的数据，截至 2021 年年底，金融服务的市场规模达到了 22.5 万亿美元，同比增长为 9.9%。如今，金融服务业贡献了全球经济的 20%~25%。这个行业的新玩家不断涌现，他们想从这个不断增长的市场中分得一杯羹。

罗宾汉公司就是其中之一。从 2015 年开始，这家公司就率先通过移动端的应用程序，为股票、ETF（交易所交易基金）和加密货币提供免佣金的交易服务。这家公司的使命是"让所有人都能享受金融服务"，其品牌形象也与之相符。罗宾汉公司的标志是一根简洁、抽象的绿色羽毛，像是传说中民间英雄罗宾汉帽子上的装饰羽毛。无人不知的罗宾汉是一个对抗暴政、劫富济贫的英雄，这根绿色的羽毛标志唤起了人们脑海中对罗宾汉的联想，也让人想起了公司的理念，即让每个人都有机会获得财富。

这根羽毛之所以如此有效，是因为它只是一个简洁的元素——一个极其凝练、简明的暗示，正如那些最好的增长触发点一样。公司的标志上不需要出现罗宾汉的帽子，一根羽毛就足够

---

[1] Investopedia 是一个提供金融、投资、市场和经济相关信息的在线平台。

了。一个易于识别的视觉符号能够让我们的大脑补全剩下的图像，并建立起罗宾汉公司所期望出现的联想。这种补全信息的过程对大脑来说是有趣的。人们的思维会主动填补空白，自行建立联想。给人们提供一个拼图的小片段，让他们开动头脑去解开谜题，这个过程就好像是人们与公司共同创造出了这个符号完整的意涵。这个符号所承载的意义或积极联想并不是罗宾汉公司赋予的，而是来自流行文化。19世纪以来，至少有90本书讲述过罗宾汉这个广为人知的民间英雄的故事。关于这位劫富济贫的传奇人物的电影也有20多部，从1938年的埃罗尔·弗林到2010年的罗素·克劳，许多演员都饰演过罗宾汉这一角色。

另一个运用增长触发点的例子来自亨氏番茄酱。尽管亨氏番茄酱无处不在，但随着时间的推移，它被逐渐与高度加工的工业食品联系在一起。而随着消费者对健康饮食的意识不断增强，天然的食品变得更受欢迎，加工食品则被挤出市场。对此，其生产商亨氏公司需要消除这些不断增加的消极联想。亨氏公司是如何做到的呢？答案是亨氏公司告诉消费者，亨氏番茄酱的原材料是鲜红多汁的新鲜番茄。

亨氏公司推出了一则创意巧妙的广告。广告里展示了一瓶著名的亨氏番茄酱，而它的瓶身则是由切成一片一片的番茄片垒起来组成的，经典的白色瓶盖则被换成了一个绿色的番茄蒂，广告附有一句醒目的广告语"没有人像亨氏这样'培育'番茄酱"。番茄酱的瓶子、番茄和广告语——每一个都是增长触发点——唤起了人们对新鲜多汁的番茄的积极联想，让人想起从自家花园里摘下夏季的第一颗番茄时的场景。

消费者一看到这个画面，就会立刻明白其中的意思，脑海中对亨氏番茄酱的看法也就瞬间从高度加工的调味品转变成了天然食品。这个画面借助了观众大脑中已有的神经通路，在这些通路中，切片的成熟番茄蕴含着压倒性的积极联想。如果这还不够，那么广告语则进一步强化了这一点——亨氏番茄酱不是被制造出来的，而是被培育出来的。就像罗宾汉公司一样，与新鲜番茄有关的联想并不是亨氏公司创造出来的，它们早就存在于人们的脑海之中了。

增长触发点不仅可以帮助品牌传递信息，还可以在产品创新中发挥类似的效果。众所周知，新产品十有八九会遭遇失败，这是每个营销人员和商业领袖都了解的事实。而推翻这一统计数据、持续成功推出新品的最佳方法之一，就是利用消费者已有的消费行为。一个很好的例子是2001年4月家乐氏推出的草莓麦片。这款麦片彻底改变了市场格局。草莓麦片非常成功，以至于家乐氏起初不得不请求零售商不要推广这款产品，因为公司无法生产足够的麦片来满足日益增长的需求。根据《华尔街日报》的报道，2002年，家乐氏击败了通用磨坊[1]，成为美国麦片行业的第一名。

为什么这个新产品如此成功？因为家乐氏着眼于人们已有的消费行为。将新鲜的水果切片放在麦片上，是数百万美国人的早

---

1 通用磨坊是一家美国的跨国食品公司，产品涵盖了谷物、零食等多个类别。

餐习惯。但是去超市购买新鲜草莓并不是很方便，而且草莓是一种容易腐烂的食物——你某天早晨切了几颗之后，把剩下的放进冰箱的水果抽屉里，等你下次想起来的时候，它们可能就发霉了。此外，当你早上匆匆忙忙出门上班时，你不一定有时间切草莓。虽然冻干草莓不如新鲜草莓好，但由于新鲜草莓可以引发许多积极联想，冻干草莓就成为一个不错的替代品。在橱柜里备上一盒草莓麦片作为健康的速成早餐，自然成了人们的不二之选。

如何找到增长触发点

感官的刺激是建立情感连接的起点，因此，找到正确的感官刺激是识别增长触发点的关键。所以，你需要至少可以刺激一种感官。如果客户可以通过看、听、闻、尝或是触摸而受到某种刺激，那么它就有可能成为一种认知捷径。品牌要做的是找出这些认知捷径，然后将它们融入与消费者接触的各个环节中去。

图像触发点

视觉增长触发点——我们称之为图像触发点——是所有类型的增长触发点中最强大的，比文字更能帮助人们理解信息。对视觉信息的处理是大脑形成记忆的关键。当你看到图像时，它会以视觉和文字两种形式储存在你的记忆中，而当你看到文字时，它仅会以一种形式储存起来。此外，根据3M的研究，人类处理图像比处理文字快六万倍。图像触发点是指那些能够让人产生联想的颜色或形象，比如罗宾汉公司的绿色羽毛，奶酪品牌的奶牛场、奶牛和楔形奶酪，等等。另一个常见的图像触发点是树的形象。作为消费者，我们不需要别人告诉我们树象征着生命、成长和保护——我们会自动联想到这些含义。作为图像触发点，树这个简单的视觉形象可以触发以上所有联想。

耐克的钩形标志也是一个图像触发点。这个标志让人想到速度、活力和前进的势头。它让人想起经典的动画角色，比如《飞奔鸵鸟和大灰狼》里的哔哔鸟，它每次戏弄了野狼威利之后就飞奔跑掉，身后扬起一阵尘土，羽毛周围还带着飞驰的"速度线"。耐克的钩形标志就像是如今的"速度线"，暗示着它在以极快的速度移动。当这个钩形标志被放置在"Nike"字样的下方时，它仿佛置于我们的脚下，会立即唤起我们关于速度和力量的联想。这个钩形标志从50年前首次推出至今，始终保持着强大的影响力。

语言触发点

耐克公司的营销并没有止步于这个钩形标志。与它的标志一样传奇的还有那句经常被不断重复的口号："尽管去做。"就像亨氏公司的那句"没有人像亨氏这样'培育'番茄酱"一样，耐克的口号也是一个语言增长触发点。像图像触发点一样，语言暗示依赖于人们大脑中已有的神经连接——品牌不需要向消费者解释这些话，因为它们背后的含义已经深入人心。"尽管去做"这句话的力量来自我们大脑中已有的与之相关的积极联想。这句话让人联想到坚韧、承诺和动力，虽然它对这些词只字未提。当我们听到这句话时,心中会立刻产生共鸣,根本无须思考。

你可以在一些意想不到的地方发现语言触发点。"合众为一"(epluribus unum)就是一个例子,瑞士裔美国人皮埃尔·尤金·杜西米蒂尔提出了这句格言,并在1776年提议将它放在美国国徽上。如今,美国发行的每一枚硬币背面都自豪地刻着这句格言。在政治领域,许多语言符号和暗示被用来支持或反对某些公共政策,例如用"死亡税"代替"遗产税",或者用"气候变化"代替"全球变暖"[1]。语言触发点在社会运动中也很常见,比如20世纪60年代的"要爱情,不要战争"。语言触发点甚至被用于影响谋杀案的审判。刑事辩护律师约翰尼·科克伦在为他的委托人O. J. 辛普森辩护时说的金句"如果手套被告人戴不上,你就必须宣判他无罪",就是一个强有力的语言触发点。除此之外,辩方采取的策略是使用简单、常用的表述,让普通人或陪审团能够迅速理解。例如,辛普森的另一位辩护律师巴里·舍克把犯罪现场的污染物对DNA结果的影响描述为"垃圾进,垃圾出",立刻让所有对辛普森不利的证据受到了质疑。

相比之下,控方律师则使用了许多人们难以理解的数据,让陪审团感到应接不暇,这些数据远不如简洁明了的话语有说服力。我们的大脑很懒,它们不喜欢费力工作,这也是为什么我们会依赖认知捷径快速做出决策。在辛普森案中,陪审团面临着两

---

[1] "气候变化"没有"全球变暖"那么强烈的情感和紧迫感,可能让公众觉得问题没有那么严重,从而降低公众对该问题的关注度。

个选择：要么通过仔细研究大量复杂的信息判断，要么依赖那些一秒钟就能理解的简单话语决策。面对辩方那些强有力的简洁表述，控方根本没有胜算。

语言触发器在营造客户体验时特别有用。例如，当顾客对Chick-fil-A[1]的员工表示感谢时，他们从来不说"不客气"，而会说"我很荣幸为您服务"。这种特定的表达方式传达了员工们真心实意地想要帮助顾客的意思。这句话来自对客户的真诚承诺，让顾客感到员工是发自内心地愿意提供帮助，并且乐在其中。如今，许多公司不知道应该如何提升客户体验，其实一句积极的标语就能够有效地化解互动过程中出现的一些小问题。

听觉触发点

声音会立即引发人们的联想。听到鸟鸣，我们会想到春天，想到万物复苏、重获新生，想到阳光普照、鲜花盛开。微软用"嗖"的声音来表示邮件已经发出，让用户在按下发送键的瞬间，觉得自己好像真的将信件投入了邮筒一样——即使他们在现实的生活中从没这样做过。这种发送邮件的感觉让人感到非常满足。值得注意的是，这个"嗖"的声音早已被深深地植入我们的大脑。也许这可以追溯到飞鸽传书的时代，鸽子"嗖"的一声带着小纸条起飞。又或者，这"嗖"的一声是信封被塞进邮筒时发出的声音。这些听觉暗示被深深地烙印在我们的大脑的某个地方。

---

1 Chick-fil-A是一家美国的快餐连锁店，鸡肉三明治是其主打产品。

音乐是另一种听觉暗示。当代音乐的许多音乐特色、风格和主题都建立在过去的音乐的基础上，依托着传统音乐几十年来不断壮大的庞大的连接组。实际上，整个音乐产业都建立在那些已经为听众所熟知的音乐主题上。如果没有这些熟悉的旋律，我们的大脑可能会拒绝大多数新的音乐。这就是为什么你最喜欢的歌曲能瞬间唤起你内心深处的情感共鸣，即便只是一段短短的旋律也能有如此效果。

嗅觉触发点

"清新亚麻"味是一种常见的空气清新剂的味道，这并不令人意外。每个人都知道把鼻子埋在一堆刚洗好的衣物里的感觉。也许这会让你想起父母从烘干机里取出温暖的床单铺在你的床上，然后轻轻为你披好被子、安顿你入睡的那一刻。或者，这会让你想起某个阳光明媚，祖母在后院晾晒洁白如新的衣物，而微风正轻拂着它们的早晨。和所有的增长触发点一样，气味能够激活潜在的情感、记忆和无意识联想，而且效果更为显著。科学家认为，与通过其他感官触发的记忆相比，气味通过嗅觉引发的记忆能够引发更强烈的情感。正如马塞尔·普鲁斯特在《追忆似水年华》中描述的那样，主人公将玛德琳蛋糕浸入茶中，茶和蛋糕混合的香气唤起了他对童年往事的记忆。莫内尔化学感官中心的帕梅拉·多尔顿博士认为，最能唤起强烈情感的气味，是人们"在年幼时第一次体验过的气味"。

请想一想你最喜欢的松木味的香薰蜡烛。你走在一条落满松针的林间小径上，几乎能听到自己轻轻踩在松针上的声音，清新冷冽的空气充盈着你的胸腔，那是一种只有在大自然中才能找到的纯净感。你可能会想到冬季的假期，你蜷缩在噼啪作响的壁炉旁边，与家人共度时光。当你在百货商店的家居用品区拿起一支松木味的香薰蜡烛，打开盖子闻到香味时，所有的这些联想都会浮现在你的脑海中。或者让我们想一想 Bath & Body Works[1] 重新推出的曾在 20 世纪 90 年代热销的黄瓜蜜瓜味沐浴露，这款产品不仅让人联想到鲜切的黄瓜和蜜瓜的清香气味，还唤起了在 20 世纪 90 年代使用过这款产品的女性的怀旧之情。她们年轻时还没有智能手机，周末的晚上她们通常会在当地的商场里度过，商场里放着后街男孩的歌曲。

味觉触发点

和气味一样，味道也可以是强大的增长触发点。这一点也不奇怪，我们不仅每天都在吃东西，而且我们许多与家人和朋友的社交如今都是围绕着食物和饮料展开的。这些味道在我们的脑海中创造了大量的联想。例如，KIND[2] 在制作零食棒时保留了食物原料原有的形态，而其他的零食棒公司都把食物原料捣成了不可辨认的形状。KIND 的零食棒口感厚实，充满真材实料。咬一口，消费者能清晰地看到整颗的坚果、葡萄干和植物种子。这种乐趣

---

1 Bath & Body Works 是一家专注于个人护理、香氛和家居用品的美国零售商。
2 KIND 是一家专注于生产健康零食的公司，产品包括各种类型的零食棒和能量棒。

就好像吃了一大把混合坚果，但零食棒吃起来更容易，而且便于携带。KIND 的零食棒的口感无疑是令人满意的，但同样重要的是，KIND 零食棒与天然食物之间存在着潜在的联系。缩短食物与其自然的来源之间的距离，会让人产生积极的联想，和奶酪的例子告诉我们的道理一样。

触觉触发点

请想一想将某个产品握在手中或踩在脚下的感觉，或者合起一个化妆盒的感觉。相比于那种轻微无力的声音，厚重而实在的"咔嗒"声会给人完全不同的感受。如今，产品包装中的一个强有力的触觉触发点是牛皮纸，这种棕色的包装纸能立即引发人们积极的联想。当消费者拿着棕色的未漂白的牛皮纸时，他们会感到这一切很自然，这让包装里的产品显得更真实，充满手工艺感。同样，如果我们把同一块巧克力包裹在三种不同的包装里，不同包装里的巧克力会给消费者不同的口感和体验。但其实，除了包装，其他一切都是一样的。

个人品牌的触发点

如今，无论是在网络上、工作中还是个人生活中，每个人都在试图建立自己的个人品牌。你可能正在申请大学、寻求职场晋升，或者作为私人教练在社交媒体上积攒人气。无论你的目标是什么，只要你在积极地尝试打造个人品牌，或者推销自己，增长触发点都能帮助你达成目标，正如它帮助大型企业和组织那般有效。但大多数人都在以比较随意的方式打造个人品牌，他们缺少一个有效体系，也没有去思考哪些触发点能够助力他们的职业发展。

以商业思想领袖赛斯·高汀和他标志性的黄色眼镜为例，这种明亮的视觉暗示会让人们联想到智慧、好奇心和独特视角。高汀的眼镜和光头形象使他变得非常有辨识度，他甚至在电视节目《亿万富翁》中扮演他自己，再一次在人们心中巩固了他作为商业领袖的地位。同样，你永远无法预料风格多变的 Lady Gaga 下次会以什么样的形象出场，但她有一个形象却深深地留在我们心中，因为这个形象引发了我们强烈的联想。她戴着标志性的铂金色假发，涂着亮红色的口红，她的这一造型唤起了人们对好莱坞黄金时代的记忆，从玛丽莲·梦露到简·曼斯菲尔德，特别是她还与已故的托尼·本内特合唱了百老汇的经典歌曲。她的这一形象深入人心，无论她之后的风格如何变换，她与那些传奇人物产生的联系都在人们脑海中挥之不去了。

即使你不是赛斯·高汀或 Lady Gaga，你也能从增长触发点中获益。如果你正在申请一份工作，那么仅提供自己的资历证明是不够的。你的教育背景、工作经验和技能可能会让你通过初步的筛选，但在此之后，候选人的资历往往相差无几。那么，当面试官更多依赖直觉做出最终决策时，你该如何让自己脱颖而出呢？答案是，你要利用决策者脑海中已有的联想。你不必因为不认识这些决策者而担忧。增长触发点之所以有效，是因为它们能在不同人的心中引发普遍的联想，就像大多数人看到赛斯·高汀的黄色眼镜时，都会联想到智慧、好奇心和独特视角一样。

你还记得本书开头提到的在化妆品公司工作的安娜吗？她参加面试时穿着一身时髦的白色套装，后来在向执行委员会做汇报时，她穿的也是这套衣服。在这个专注于改善人们外表和自我感受的行业中，安娜不仅希望展示出自己的时尚品位，还希望决策者能够直观地"感受到"她就是那个最佳的人选。安娜对套装的选择，也是她计划的一部分。

人人都知道白色的衣服不耐穿，但安娜恰恰就想利用这一点。正因为没有人会随意选择这样的搭配，她的穿着才能传递出自己明确的目标感和执行力。她为自己特意搭配的口红颜色也遵循同样的逻辑，这些积极的联想会进一步强化她那本就令人印象深刻的简历。安娜对服装的选择也让人联想到20世纪初的女性参政者，她们身穿白色的职业装走上纽约的街头。美妆行业里有很多聪明又有抱负的女性，安娜借用她们的形象，唤起了人们对女性参政运动的积极联想。2019年，国会的女性议员们身穿白色服装出席国情咨文演讲，她们深知这个形象背后强大的力量。她们无须多言，就传达出了团结一致和追求进步的信息。2020年美国大选后，卡马拉·哈里斯作为首位女性副总统首次亮相时，身穿一套白色西装，这背后的用意不言而喻。对任何见证了那一历史时刻的人来说，白色套装瞬间引起了人们直觉的共鸣。

建立个人品牌的另一种方式是通过语言触发点，比如你说话的方式。无论是强调或弱化口音、使用特定的短语或语言，还是选择正式或非正式的语气，这些都能成为语言的触发点。你可以利用它们去影响听众的思维，从而达到自己的目的。

朱迪思·汉弗莱是汉弗莱集团的创始人，也是《即兴演讲：女性如何提升影响力》一书的作者。她建议，如果女性希望在职场中被倾听，那么她们应该放慢语速，调低声调，以"稳重"的声音进行表达。在工作中，女性通常被认为语速太快而且音调太高，这给人的直觉印象是缺乏自信。这也许是因为，她们觉得自己需要快速地表达清楚所有内容，因为通常在由男性主导的工作环境中，他们很容易对女性的话失去兴趣，甚至根本不愿意倾听。（回顾我职场初期的经历，我对这一切深有体会。）通过放慢语速，女性能够展现出对自己所说内容更强的信心——我说的东西值得细细品味，而稳重的声调则让她们的话语更具分量，显得更重要。因此，慢而低的语调是一种充满力量的暗示。

请不要把增长触发点复杂化，最有效的认知捷径往往来自那些最简单的触发点。请想一想黄色的安全帽。当房地产企业的高管们戴着安全帽出现在工地现场视察时，他们在传递一个明确的信息，而这个信息与安全无关。此时，安全帽象征的是艰苦奋斗，暗示他们像建筑工人和道路工人一样，用自己的双手建设国家的基础设施。安全帽让高管们看起来像一线团队的一员，而不是高高在上、坐在办公室里的领导。安全帽暗示他们清楚自己在做什么，并且不介意弄脏双手。同样，在奠基仪式或是选举活动的宣传册上，政客通常会把袖子卷起来——这是另一个图像触发点。卷起的袖子传递出一个信号：他们已经做好准备，可以随时投入工作，就像那些为我们的国家建设基础设施的人一样。所有的这些积极联想都通过这个简单的视觉暗示传递出来了。

除了穿着可以成为增长触发点,其他方式也可以帮助你建立个人品牌。你可以通过图像和语言将一些特定的专业技能与你的品牌联系起来。例如,近藤麻理惠,这位世界知名的收纳专家兼作家,不仅凭借自己的图书声名远扬,还因独创的盒式收纳法在人们心中留下了深刻的印象。她将凌乱的内衣裤和皱巴巴的衬衫变成了一件件静物美学作品。通过一次又一次地展示"近藤麻理惠式"的抽屉或衣柜,这种盒式收纳法逐渐与她的专业能力紧密地联系在一起。观众也深受启发,纷纷开始在自己的生活中践行她的收纳方法。

可能你想问,为什么我们必须玩这些游戏才能引起别人的注意并让别人接受我们的想法呢?为什么我们必须要运用增长触发点呢?在求职过程中,为什么非要去做改变语调、搭配衣服或者戴上眼镜这些多余的事呢?难道不能只是展示简历吗?如果事情真的这么简单就好了。我们的确需要做这些事,因为这就是世界运行的方式。或许我们本没有必要如此,但归根结底,这个世界之所以如此运作,原因只有一个:我们的大脑是这样运作的。

人们的沟通变得越来越简短和匆忙。人们甚至不再用完整的句子发信息,而是直接使用缩写。增长触发点是我们创造的一种新的语言,它能将很多含义"打包"到一个简明的信息片段中。它们是简洁有力的符号和暗示,却蕴含着巨大的能量。它们也很高效,你不需要向人们一一说明它们蕴含的所有联想——人们的大脑会根据他们所处的文化环境和先前的经验，帮助你完成这项工作。与市场营销和广告行业的传统观念相反，品牌与消费者之间的情感连接，并不是靠直接的情感表达来建立的。人们短暂的笑声或片刻的泪水并不能给你的品牌带来长久的影响力。

　　人们的喜好是不牢靠的。他们可能会点赞很多东西，但这并不一定能让他们真正行动起来（抱歉，脸书！），品牌与消费者之间情感连接的建立，靠的并不是直接向他们表达情感，这听起来可能有些反直觉。情感连接的建立是通过向他们施加刺激来实现的，而增长触发点是一种有效的刺激，它与人们心中已有的认知和感受高度契合。当品牌和人们心中的积极联想像两块拼图一样契合在一起时，营销人员和广告商一直追求的难以捉摸的情感连接就建立起来了。这时，你的产品就成了人们的直觉选择，而不是别人强迫他们接受的东西。如果有人自然而然地选择了你的产品，那就说明他们的心智已经被你的品牌占领了，他们会不假思索地选择你的产品，甚至对其他选择视而不见。

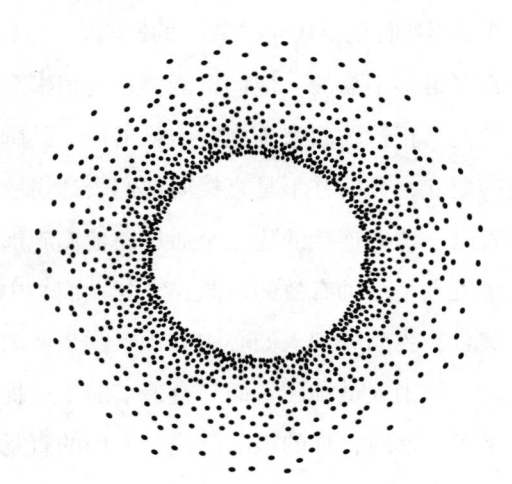

CHAPTER FOUR

第四章

消极联想的诅咒

让顾客买了又买的法则

阻碍品牌发展的并不是市场环境，而是与它相关的消极联想。

21世纪初，麦当劳的品牌形象受到了冲击。2001年出版的《快餐国家：发迹史、黑幕和暴富之路》一书详细审视了美国的快餐公司的经营实践、生产过程、工人的安全问题等，以及它们对美国国民健康和社会的影响。摩根·史柏路克2004年的纪录片《大号的我》直指快餐的健康问题，尤其提到了麦当劳的食物和它的"大号套餐"。这些图书和影片与当时社会普遍反对大企业的趋势相呼应，人们开始抛弃快餐连锁店，转而开始青睐小镇上的街角咖啡馆和本地的周末集市。

然而，相比这些因素，一组流传甚广的视频给麦当劳的声誉带来的负面影响更大。这些视频揭露了麦当劳制作鸡块和汉堡所用的原料，其中包括一种可怕的"粉色黏液"。在视频中，肠状的粉色黏液从大号的水龙头里流出，看上去像是制作某种肉类时产生的副产品。这段视频迅速传播开来。此外，关于麦当劳的传闻还包括其肉饼里添加了牛眼球、虫子和马肉等神秘原料，使用经过氨水处理的牛肉，汉堡永不腐烂，以及使用实验室制造的蛋白质，等等。这些传闻引起了公众广泛的关注。这些声音让人们觉得麦当劳提供的食物质量低下，甚至不使用天然食材。换句话说，它们都是"假的"食物。

事实证明，这些传言与真相相去甚远。粉色黏液的视频是一个骗局，麦当劳的产品中也没有使用人们所关注的"假"食材。尽管如此，这些消极联想还是影响到了消费者，麦当劳作为亲民、欢乐的家庭餐饮提供者的形象也随之受损。而麦当劳的回应并没有改变这种局面。

当麦当劳的领导层意识到他们面临着一个严重的问题时，他们的反应和其他公司一样，那就是驳斥这些负面信息并展示事实真相。为了展示"幕后的真相"，他们在工厂内部拍摄了一系列视频，展示了鸡块和汉堡的制作过程。在视频的开始，主持人和嘉吉食品加工厂（麦当劳的供应商之一）的工人们站在传送带旁，看着未经加工的生牛肉在传送带上移动。在视频的前十秒钟内，主持人就问道："吉米，这里面有嘴唇和眼球吗？我们什么时候给肉注入粉色黏液？"与此同时，在麦当劳发布的另外一则广告里，一位顾客走向自助点餐机时问道，麦当劳的招牌鸡块里是不是真的有粉色黏液。麦当劳还公开表示，他们的食物是会腐烂的——大家只需问问科学家就行。

但问题在于，麦当劳的这些举措不仅没有改变人们对这些传闻的看法，反而加剧了大家的消极联想，使它们在人们心中根深蒂固。通过强调这些完全虚假的负面信息，他们实际上是在提醒更多的人，麦当劳的食品可能存在问题。麦当劳上钩了。他们通过回应和驳斥这些负面的说法，无意中强化了这些传闻。现在，更多的人开始怀疑麦当劳的食材出了问题，包括之前从未看过虚假视频的人。麦当劳的销售额随后进一步下滑，这直接反映了人们心中对这个品牌有越来越多的负面感受。

麦当劳需要转变策略，虽然这对一家《财富》500强的巨头来说并不容易。但这次麦当劳全力以赴，扭转了局面，这是这家公司有史以来战略考量最全面、执行最到位的转变。麦当劳开始宣传他们食品的真实情况：他们用的是100%经过美国农业部检验的牛肉，牛和鸡都饲养在农场里，鸡蛋也经过了美国农业部的一级认证。他们开始将关注点转向食品的来源，以及它们如何从生产线来到顾客的餐盘上，或是孩子们的开心乐园餐里。他们开始宣传自己的供应商，其中许多都是家庭经营的小企业，比如位于华盛顿的马铃薯农场、位于密歇根州的苹果园、位于伊利诺伊州和威斯康星州的奶牛场。他们还利用认知捷径，比如他们称自己用新鲜的鸡蛋制作麦当劳经典产品的麦满分，让消费者联想到农场直供的食材和现做现卖的烹饪方式。麦当劳这种展示真实食材的策略，向人们讲述了麦当劳一直在做但从未对外宣传过的事。通过公开这些信息，消费者开始将麦当劳与积极的联想关联在一起。

如果对传闻不加控制，消极的联想便会抵消与你品牌有关的所有积极联想，从而形成一个充满消极联想的品牌连接组。当这种情况发生时，你的品牌就不再是人们直觉中的首选，而会变成他们最后的选择，甚至会被完全遗忘。大多数领导者都认为，品牌的增长取决于投入资金的多少、品类增速的高低、行业竞争的强弱，以及经济环境的好坏等因素。这些因素的确会对品牌的增长产生影响，因此它们吸引了商业领袖的注意力，以至于成了每周销售例会和季度财报的重点。但其实，这些因素对业务增长的影响并没有人们普遍认为的那么大。如果你的品牌连接组充满了消极联想，那么即使你的产品所在的品类正在快速增长，对你来说也毫无意义。如果你不去解决那些对品牌有害的消极联想，说明你根本没有在关注你的品牌连接组。

很少有领导者会考虑到这一点，因为他们没有追踪目标客户的无意识心理的动态。当他们的品牌增长缓慢，甚至在市场中变得可有可无时，他们通常的做法是试图消除或弱化与品牌有关的消极联想，但这往往会使情况变得更糟。尽管他们的出发点是好的，但这种做法实际上会在无意中强化与品牌有关的消极联想，而不是消除它们。但好消息是，有一种方法可以消除消极联想并帮助品牌恢复增长，那就是用积极的联想压倒消极的联想。想要理解如何做到这一点，并让品牌重回增长轨道，你就需要了解消极联想是如何产生的。

消极联想如何在大脑中形成

人类天生倾向于抱有负面的偏见，只要看一看社交媒体你就能明白这一点。人文科技中心[1]的执行董事兼联合创始人、前谷歌设计伦理学家特里斯坦·哈里斯以公开批评社交媒体的危害而闻名。他指出，引起人们愤怒的内容比积极的内容"传播得更快"。像脸书这样的平台所使用的人工智能算法，是基于用户的参与度而运作的——它不区分内容的积极性或消极性，只关注如何获取更多的点击量。哈里斯指出："引发愤怒的内容获得的点击最多，因此它们被优先展示在首页。"

剑桥大学的一项研究发现，当人们在社交媒体上讨论政治时，与那些赞美自己政党立场的帖子相比，批评对手政党的负面帖子能让用户的参与度翻倍。这种现象不仅发生在社交媒体上，线上媒体也体现出我们对负面信息的偏好。在浏览线上媒体的新闻时，新闻标题里每增加一个负面的词语，人们点击它的可能性就增加2.3%。换句话说，用户更容易关注负面叙事，无论这种叙事是否合理。作为一个企业、一项事业或一个品牌的领导者，了解如何消除消极联想绝不是锦上添花的事，而是决定品牌能否生存的关键。

消极联想可以来自任何地方，但它们的来源可以被分为直接和间接两类。直接来源包括产品被污染和被召回的新闻报道、明星的丑闻，或是政治人物以为麦克风关闭后发表的不当言论。消极联想还可能来自公司发布的表达不当的信息，这些信息引发了误解和争议。这些直接来源显而易见，很容易识别。这种情

---

1 人文科技中心是一个致力于推动伦理科技，并应对数字技术对社会产生的负面影响的非营利组织。

况下，当品牌连接组开始显示出消极联想时，品牌通常可以清楚地知道它们的来源。在麦当劳的案例中，消极联想的直接来源是病毒式传播的粉红黏液的视频，视频里的虚假信息占据了人们的无意识心理。

相比直接来源，间接来源则显得更为微妙，也更为隐蔽。由于它们并不显而易见，品牌往往会忽视这些来源。消极联想的间接来源来自人们大脑对品牌的某种解读，而这种解读与品牌的初衷不相符。请记住，由于我们的大脑是基于各类暗示运作的，因此它会不断地对各种信号和刺激进行解读。如果企业的领导者没有积极地监测他们的品牌连接组，消极联想就会不知不觉地在潜在消费者的心中积累。消极联想的直接来源让人感觉像是遭受了攻击，而间接来源则更像是病毒，悄悄地在品牌内部滋生、蔓延。等到它们的影响浮出水面并反映在你损益表上的时候，再去纠正这些消极联想就很困难了。

维多利亚的秘密就是一个很好的例子。这个品牌成立于20世纪70年代末，几十年来一直是零售业的宠儿。这个名字让人联想到超级模特、飘逸的丝绸睡衣，以及高级而性感的内衣。一年一度的维多利亚的秘密时装秀吸引着数百万的电视观众，这个节目在黄金时段播出了超过20年，是一场真正的娱乐盛宴。模特们身着巨大的天使翅膀，穿着高跟鞋走在T台上。消费者为自己或伴侣购买这个品牌的内衣，作为一种性感的享受。总之，穿着这个品牌的内衣，会让女性感到自己有吸引力、被渴望和被欣赏。对许多人来说，维多利亚的秘密与女性气质密不可分。然而到了 21 世纪第二个 10 年，文化潮流发生了变化，而维多利亚的秘密似乎完全没有意识到这一点。

文化潮流的变化并非毫无征兆。在品牌发展的过程中，女性主义运动也在不断发展。到了 2005 年前后，第四波女性主义浪潮成了主流，关注的不仅仅是性别平等，还包括女性力量和社会变革。#MeToo 运动揭示了娱乐行业、时尚行业和其他领域存在的系统性的性虐待问题。女性的社会地位和经济独立性也在快速提升。2014 年，女性大学毕业生的人数已经超过了男性。1990—2022 年的 32 年间，美国劳动力市场的女性数量增加了 2000 多万。截至 2022 年年底，美国女性劳动力总数达到了 7400 万。与此同时，女性工资的中位数在 1980—2021 年间增长了四倍多。

维多利亚的秘密害怕偏离过去的成功模式，也未能紧跟文化潮流变化的趋势，因此依旧维持着已经过时的品牌形象，继续推销着奇迹文胸等产品。事实上，间接的消极联想已经对该品牌造成了破坏。对许多人来说，这个品牌已经与时代严重脱节了。曾经被视为性感的东西，现在变得令人反感。随着像美鹰傲飞服饰旗下的 Aerie 这样专注舒适度而非性感的新品牌进入市场，以及在露露乐蒙和 Alo Yoga 等公司的主导下，运动休闲风逐渐兴起，维多利亚的秘密这个品牌变得越来越没有意义。在女性内衣行业，越来越多的公司开始鼓励人们接受和欣赏自己的身体。

维多利亚的秘密的品牌在这个不断变化的世界中显得格格不入，因此它的品牌连接组中积累了消极联想。与麦当劳的情况不同，并没有人对维多利亚的秘密直接进行攻击，也没有人故意将那些消极联想植入其品牌连接组。相反，这些消极联想是间接形成的。大脑根据不断变化的社会文化环境和该品牌打造的单一的女性形象之间的对比，构建出了一套关于该品牌的叙事。随后，直接来源也开始发挥作用。维多利亚的秘密相继爆发多起丑闻：员工和模特被骚扰和欺凌，而首席执行官莱斯利·H. 韦克斯纳雇用臭名昭著的杰弗里·爱泼斯坦长达十多年。这场由直接来源和间接来源共同引发的品牌危机，最终导致品牌收入的年均复合增长率在2016—2022年间下降了3.4%。

和积极联想一样，品牌的消极联想会进入我们现有的神经通路，也会创建新的通路。如果你不密切关注这些消极联想，它们就会在你的品牌连接组中不断积累，并形成一个新的叙事。你的用户越频繁地接触到你品牌的负面信息，他们的反感情绪就会越强烈。无论这些负面的信息是直接的还是间接的，它们都会对你的品牌造成巨大的损害——这种损害可能会在你没有察觉的情况下发生。由于人们更倾向于产生消极的联想而非积极的联想，因此扭转消极联想往往比建立积极联想更加困难。但是如果你有合适的工具，消除这些消极联想会比你想象中容易。

对大多数企业的领导者来说，他们甚至没有意识到消极联想才是导致业务下滑的根本原因。企业领导者通过市场调研和品牌追踪研究得到的信息，往往显示一切正常。因此，当品牌的增长开始放缓、市场份额开始流失时，领导者往往会感到惊讶和措手不及。我们见过一些企业，它们的客户满意度调查得分高达85%~90%，但企业实际上却在不断流失资金和市场份额。这就好像一个被扎破的轮胎：你可能不会意识到它正在漏气，直到某天早上你匆忙出门时才发现，轮胎已经完全瘪了，可是为时已晚。如果你能按时检查并更换轮胎，你可能就不会遇到这样的麻烦了。

这种情况经常发生在大公司里，在销售数据出来之前，人们似乎总是乐观的。在董事会上，每个人对增长的停滞或下滑都有不同的解释。有人认为是由于市场竞争激烈，有人则认为是因为经济下行、通货膨胀或"辞职潮"。但他们忽略了真正的根本原因：品牌积累的消极联想。他们看不到这一点，因为他们把关注的重点放在了那些错误的数据上，比如品牌的NPS或者品牌属性，而不是和品牌有关的联想上。客户满意度调查的指标基于消费者的意识心理，而公司所追踪的品牌属性也只涉及品牌的质量或特征，比如是否"物有所值"或"适合全家使用"。但这些调查的结果都只反映了表面的现象，它们无法触及消费者大脑中由广泛的神经网络构建出的品牌故事。与这些表面的数据相反，联想是多维度的记忆，它可以深入人们的记忆，对品牌产生更深远的影响。

这就是为什么传统的消费者调研可能会存在误导性。追踪消费者对品牌属性的评分，比如"口味好""是健康的选择""有优质成分"，提供的都是你早就知道的信息。当然，追踪品牌的属性本身并没有错。例如，基于那些标准的衡量指标，去了解你的品牌相比竞争对手的表现，本身是有益的。但是，在这些属性上获得高分只是最基本的要求，如果只关注这些属性而忽略了追踪与品牌相关的联想，你就会错过发生在表象之下的事情。这导致了一个令人难以置信的现实：大多数世界顶级的商业领袖并不知道到底是什么在阻碍和驱动着消费者选择他们的品牌。因为他们收集的数据要么是关于品牌表面属性的，要么是关于点击量和展示量的，而这些都与消费者对品牌产生的联想无关。

尽管如此，我们还是很容易理解，为什么商业领袖们如此依赖这些指标。因为它们是理性、具体、易于追踪的，并且能拿来与行业其他公司对比。相比之下，与品牌相关的联想不是理性的，它更微妙，更难通过标准的研究方法衡量。但如果你不监控这些联想，消极的联想就会像病毒一样，在人们的心中生长、传播，并且这个过程很难被察觉。要识别那些消极联想，你就需要深入人们的记忆之中，找到大脑自行建立的不利于品牌的联想。如果你没有密切地关注它们，消极联想就会在不知不觉中损害你的品牌。这些联想隐藏在表象之下，消费者自己甚至都意识不到它们的存在，因此人们很容易忽略品牌连接组中正在发生的变化。如果品牌连接组中关于品牌的联想主要是消极的，那么品牌的负增长将不可避免。

负增长警报：消极联想摧毁品牌形象

对一个品牌来说，没有什么比增长放缓或负增长更糟糕的事了。无论是著名的科技创业公司、职业棒球队、《财富》100强公司，还是在公司里受欢迎的明星员工，追求成长如逆水行舟，不进则退。这听起来很有戏剧性，但如果你去问那些星光暗淡、接不到工作，甚至难以维持生计的演员，我敢保证他们会说出一模一样的话。消极联想与增长停滞或负增长之间存在着直接关联，两者密不可分。请把消极联想想象成你精心打造的花园中的杂草，这些杂草生长在你辛勤培育的美丽花木周围，并不断挤占它们的生存空间。当一个品牌的增长陷入停滞或增速低于竞争对手，这无疑是消极联想在作祟。这些消极联想在你的潜在用户的大脑中扎根，成功地占领了他们大脑中品牌连接组上的神经通路。即使品牌花大价钱投放广告，也无法解决这个问题。如果你的目标客户心里存在许多隐性的障碍，那么不管你每年在广告上花费 1000 美元还是 1 亿美元，他们都不会选择你的品牌。

比如，科尔百货在 2018 年时似乎在市场上占据了主导地位。截至当年 2 月，该品牌在美国 49 个州共拥有 1158 家门店，总销售面积约 770 万平方米，年销售额约为 190 亿美元，股票价格 70.11 美元，达到历史的最高点。科尔百货似乎有望在未来几年继续引领市场，它超越了包括 Gap 和杰西潘尼在内的一些竞争对手，而且似乎就快要击败梅西百货和诺德斯特龙这两个最大的竞争对手了。科尔百货还采取了一系列紧跟时代潮流的举措。早在 2001 年，科尔百货就推出了在线销售和电子商务平台 Kohls.com。科尔百货全国各地的门店都可以为亚马逊的商品提供免费退货服务，旨在吸引千禧一代，特别是那些喜爱耐克、阿迪达斯和安德玛等运动休闲品牌的消费者。此外，他们和 PopSugar 合作，基于潮流和消费者偏好数据，为顾客提供经过筛选的精品服装。PopSugar 起源于一个于 2006 年创办的流行文化博客，后来发展成为一家综合性的媒体和科技公司。表面上看，科尔百货似乎采取了一切正确的措施以保持其竞争力。

但在短短四年后，科尔百货却发现自己身处一个完全不同的境地。它的市场份额在下降，公司股价跌至 26.49 美元。同时，投资公司 Macellum Advisors 2021 年收购了科尔百货的大部分股份，试图改变其品牌并重组公司。这家投资公司希望成立新的董事会，还可能要换掉科尔百货的首席执行官。尽管科尔百货在 2018 年看似处于巅峰状态，但它其实在 2011—2022 年间失去了 17% 的市场份额。整个行业都在以两位数的增速发展，而科尔百货的年复合增长率仅为 0.5%，这预示着其市场份额迟早会大幅下降。那么这些市场份额去了哪里呢？你也许想到了，这些份额被其他公司瓜分了，比如 T.J. Maxx 这样的折扣店，以及沃尔玛、塔吉特百货和开市客这样的大型连锁超市，当然还有像亚马逊这样的电商。可是如果科尔百货在电商和休闲运动服领域是早期领跑者，还引入了设计师品牌，并且和流行文化公司建立了合作伙伴关系，那么为什么还会出现这种情况呢？科尔百货到底哪里出了问题？

科尔百货在很多方面遇到了与维多利亚的秘密相似的问题。大量的消极联想涌入了科尔百货的品牌连接组，但公司却没有意识到这一点。其领导团队一直专注于开发新品，没有人关注人们对科尔这个品牌本身的看法，甚至连那些忙着为现有客户制定各种会员奖励计划的营销人员也没有关注到这一点。问题一旦出现，领导层需要做的是去深入研究人们对品牌产生的联想，而不是品牌的表面属性。即使你觉得你的品牌连接组内几乎没有消极联想，或许此时也应该去重新审视它一番了。可千万不要被传统客户满意度调查中出色的数据蒙蔽了双眼。如果你的品牌像科尔百货一样不再增长或逐渐失去市场份额，那么就说明你之前的研究没有抓住问题的关键。你的分析中缺少了品牌联想这一关键因素。那些消极的联想，即消费者无意识心理中的潜在阻碍，才是决定你品牌成败的关键。

但是，你无法从现有消费者那里识别出关于品牌的消极联想，你需要从潜在消费者的身上寻求答案，他们会影响你品牌的增长。但其实，即使是你的潜在消费者，他们也不会直接告诉你品牌的问题。你需要超越他们的言辞，深入挖掘品牌在他们心中触发的不易察觉的消极联想。同时，你还必须时刻关注文化的趋势和竞争对手的动向，留意他们在消费者心中建立的积极联想，因为这些可能也是你所忽视的。

对科尔百货来说，消极联想已经在现有消费者和潜在消费者的心中积累起来了。若想让品牌获得大幅增长，你必须优先考虑你的潜在消费者的需求，确保你的品牌展示出了能够吸引这些人的关键因素，从而把他们转化为你的产品的支持者。我们经常看到政治人物为了争取某个群体的选票而采取这种做法，其实这也是消费品品牌实现增长的主要方式。

如果在你的潜在客户心中，你品牌连接组中的消极联想多于积极联想，那么你品牌的收入增长通常就会停滞或者下降。2018—2021 年，科尔百货的品牌连接组里的消极联想不断增加，但这竟然没有引起任何一位领导者的关注。消极联想逐渐侵入了千禧一代的无意识心理，而他们正是在市场上被各个品牌激烈争夺的人群。这些消极联想甚至还影响了科尔百货一部分现有客户。科尔百货业绩的下降与产品的关系不大，主要还是和人们对科尔百货这个品牌产生了消极联想有关。

如果潜在的消费者还没有与你的品牌建立联系，那么即使你拥有再多合作伙伴和新设计师品牌，也无法压倒消极联想，更无法推动业务增长。这就好比你的商店已经着火了，你却还想邀请大家进来逛逛——怎么可能会有人来呢？但这恰恰是很多公司一直都在做的事。它们总是试图通过推出新产品和扩充产品线来推动增长。可是，如果你的品牌根本不在消费者的考虑范围内，那么你推出再多的新产品也无济于事，因为它们的潜力根本无从发挥。换句话说，如果一个新用户对科尔百货这个品牌没有兴趣，那么科尔百货从一开始就失去了他们。他们不会访问科尔百货的网站，也不会进入科尔百货的商店。他们根本就接触不到科尔百货的新产品。

人们对科尔百货产生的消极联想也是时代变迁的结果，但不同于维多利亚的秘密，科尔百货面临的更多是时尚和风格层面的变化，而不是文化或社会层面的变化。多年以来，科尔百货是数百万中等收入的中年母亲的首选。但随着时间的推移，这一声誉被赋予了新的内涵。对年轻的消费者来说，这个品牌已经过时了。科尔百货被与中年家庭主妇联系在了一起，成了大家印象里郊区中年妇女购买廉价服装的地方。曾经被宣传为实惠的商品，现在却被认为廉价又劣质。科尔百货与其竞争对手相比毫无优势——不仅没有时尚感，反而像是时尚灾难。

一项调研分析了科尔百货从 2010 年年初到 2020 年的广告，

结果显示，这个品牌停滞不前。当梅西百货和塔吉特百货等零售商不断地提升形象，为消费者提供时尚、高品质且有设计感的产品时，科尔百货的广告则更加强调实惠而非品质。如果将科尔百货的广告与达乐公司这种折扣店的广告进行对比，你很难分辨出两者的区别。即使科尔百货与像丝芙兰这样的高端公司合作也无济于事，因为科尔百货在更新产品线的同时未能同步迭代品牌形象。

如果梅西百货和塔吉特百货传达的是一种高端、时尚但价格优惠的形象，而科尔百货仅强调低价，那么人们又为什么要选择科尔百货而不是其他品牌呢？人们总是希望鱼与熊掌能够兼得。尽管科尔百货努力升级产品线，但其品牌形象却没有任何变化。科尔百货在竞争对手面前处于严重劣势，业绩也随之下滑。如果不深入检查品牌，找到在品牌连接组中蔓延的消极联想是什么，科尔百货就无法开拓新的市场，也无法吸引竞争对手的消费者，而这些可是为数不多的能够确保增长的方法。

消极联想是增长潜在的障碍。如果目标消费者的心中充满了对品牌的消极联想，那么无论这些联想是出自直接来源还是间接来源，他们都很难选择这个品牌。但由于大多数公司的营销人员没有意识到消极联想才是实现增长潜在的障碍，他们会将增长的停滞或下滑的原因归到一些传统的因素上，比如竞争对手提高了营销预算，以及经济环境恶化等许多他们无法控制的因素。他们没有意识到，通过触动人们的无意识心理并消除那些消极联想，他们就可以使公司收入快速增长，并且这个增长水平是无法通过影响人们的意识心理实现的。

用品牌连接组的思维方式进行营销带来的好处，远不只是帮助你完成当前的业务。作为企业的领导者或所有者，深入了解潜在消费者的无意识心理能够帮助你预测品牌未来的收入。如果你的目标消费者对品牌有一些潜在的心理障碍，那么未来你的品牌将会面临增长困境，你在营销上花的每一分钱都难以看到成效。相反，如果你的品牌连接组强大且充满积极联想，那么你的营销内容不仅会顺利触达目标消费者，甚至还可能得到他们积极的回应，从而转化为更快的业务增长。

揭示品牌背后的联想和潜在阻碍的美妙之处在于，你可以利用它们来更好地预测公司的收入并调整预期。这套方法能让你的公司在财务预测、供应链管理和招聘等方面获得直觉上的优势。它的好处不仅体现在你现有的业务或品牌上。在收购其他品牌时，对收购方和私募股权公司来说，评估标的品牌在它潜在消费者心中的品牌连接组就变得十分重要。这些公司想知道标的品牌是否存在消极联想——因为消极联想越多，品牌就越难以增长，这笔投资在短时间内获得高额回报的难度也就越大。这些公司还会根据所了解到的信息来调整报价。寻找品牌背后的潜在阻碍成了尽职调查新的部分，是对标的企业真正的"深度审查"。

当一个品牌增长停滞、陷入困境时，公司会采取一系列可预测的行动。营销人员优化运营，改善客户服务，开发线上应用程序，更换广告公司，更换宣传标语。他们四处寻找增长的途径，却唯独错过了真正蕴藏着答案的地方——目标消费者的无意识心理。如果不去关注目标消费者的无意识心理，品牌就会面临严重的后果。因为业务衰退的时间越长,潜在消费者的心理障碍就越大,推动品牌增长就越困难。然而,这也并非不可逆转。

用积极的联想覆盖负面记忆

许多人认为,如果他们的品牌形象比较局限,或是存在一些负面的阻碍,那么他们就只能接受这一现状。这种想法导致他们可能不愿意拥抱新的机会,因为他们不确定这个品牌能否成功进入新的领域。比如,一个酒精饮料公司可能会决定不要涉足无醇酒的市场,又或者一个单身人士决定不要主动开启第一次约会。然而,无醇酒的销量在2021年增长了33%(达到3.31亿美元),而我们从爱情喜剧中学到的经验是,一开始不被看好的那个人总能赢得心仪女孩的心(通常在经历戏剧性的改造后,他们会展现出自己美好的内在品质)。大多数人不了解的是,几乎任何消极联想都能被消除。这是怎么做到的呢?虽然你不能像拔牙一样直接从别人的大脑中取出消极联想,但你也可以采取一些有效的方法,而且它们可没有拔牙那么痛苦。

消极联想可以通过积极联想来解决,只要后者足够强大或者有足够的"黏性"就行。每个有黏性的联想,无论是消极的还是积极的,都会重新连接我们的大脑里的神经通路。如果一个你尊敬的人告诉你,某种冰茶饮料是他喝过最好喝的饮料,那么这个人就会被添加到你大脑中关于这个饮料的连接组里。如果你之前已经对这款饮料有一些积极联想,无论是来自你看过的数字广告还是过去的体验，这些积极联想就会被进一步强化。但如果有人提醒你，这款饮料使用的塑料瓶正是目前充斥在海洋里、破坏珍贵的生态系统的那种瓶子，那么这种消极的联想也可能会被添加到这款饮料的品牌连接组里。当你只是这款饮料的普通爱好者时，这个消极联想的作用就会更加明显。

然而，如果这款茶饮一直以来都是你最喜欢的饮料，那么这些负面信息可能根本不会影响你的大脑，甚至可能都不会被添加进这款饮料的品牌连接组里。这个品牌连接组中所有的积极联想会将这条新的负面信息排挤出去。这是因为，一个充满丰富而强烈的积极联想的连接组会对消极联想起到缓冲的作用，以防止消极联想在品牌连接组上扎根。同样，强烈而有黏性的积极联想也能压倒消极联想。我们只要想一想那些名人复出的故事就能明白。

复出的故事在我们身边随处可见，从演员小罗伯特·唐尼、布伦丹·弗雷泽，到体育明星迈克·泰森，再到电视名人玛莎·斯图尔特，甚至是历史人物温斯顿·丘吉尔，等等。多年来，从年轻的军官到畅销书作家，再到1900年首次进入议会，丘吉尔一直在塑造自己的公众形象。但1922年，早在他于1940年成为首相之前，丘吉尔丢掉了殖民地大臣的职位。尽管后来他短暂地回到了议会，但1929年，他和保守党的其他成员一起被投票赶下了台。像许多人一样，他在大萧条中遭受了重创。尽管他持续写作和发表演讲，但他在政治圈中依旧是一个边缘人物，多年未能重返权力中心。

多年来，丘吉尔的品牌连接组里积累了许多消极的联想，例如他因反对印度自治而被认为观念与现实脱节。他被认为刻板保守、固执己见，不值得被认真对待。第一次世界大战期间，他作为海军大臣，造成了加利波利战役的失败，造成了约 46000 名盟军士兵丧生，被认为缺乏判断力。他在保守党和自由党之间来回切换，被认为是一个投机取巧的不忠诚的人；人们认为他无法赢得选举。此外，在人们眼中，他还是一个挥霍无度的人，对豪宅、美食和雪茄有着奢华的追求。丘吉尔与一些不受欢迎的人物的友谊，进一步在公众心中加深了与他相关的消极联想。他的这些朋友包括爱尔兰议员布伦丹·布拉肯，许多人认为他很"虚伪"，以及他的科学顾问弗雷德里克·林德曼，许多人认为他极傲慢，以至于和他在同一个研究委员会的所有成员都因无法忍受这个人而辞职。尽管公众对丘吉尔的这种看法可能并不公允，但公众人物就像品牌一样，人们对他们产生认知的方式主要基于与其相关的联想。

然而，丘吉尔对英国与德国之间爆发冲突的担忧，以及对英国缺乏应对准备的担忧，极大地改变了公众和同僚对他的看法。他认为德国空军的重建对英国是重大的威胁，并警告德国空军的实力到 1936 年年底将比英国强 50%。丘吉尔在许多同僚尚未觉察之前，就已敏锐地洞悉到希特勒是一个极其危险的战争贩子。凭借这种远见卓识和资深政治家的智慧，丘吉尔赢得了足够的积极联想。他重返主流政治舞台，并攀至权力的顶峰。在当选英国首相后，他继续发挥卓越的领导才能，带领英国及盟军取得了第二次世界大战的胜利。

除了政治领袖，职业运动员也深谙积极联想能够压倒消极联想的道理。例如，高尔夫球界明星泰格·伍兹首次进入公众视野时，其声誉无懈可击。他的品牌连接组庞大而充满积极联想：年轻，在白人主导的高尔夫运动中脱颖而出，是退伍军人的儿子，家庭责任感强——这简直是一个完美的美国故事。然而，随着时间的推移，伍兹被多次曝出情感丑闻，这动摇并终结了他的婚姻。随后，他暂停了高尔夫比赛，多年的伤病也影响了他的竞技能力。2010年，一项对71名美国职业高尔夫球员协会巡回赛球员的调研显示，有24%的人认为伍兹使用了包括生长激素在内的药物。2016年，娱乐与体育节目电视网对60名美国职业高尔夫球员协会巡回赛球员的调研显示，70%的人认为他再也无法赢得任何一场重要的高尔夫锦标赛了。次年，人们又发现他因服用止痛药而在车内睡着了。此时，关于他的消极联想已经根深蒂固，这些联想包括不忠、性瘾、药物滥用、过气和使用兴奋剂，等等。

然而，伍兹成功复出了。他在饱受关注的离婚事件后，去了性康复中心接受治疗。不仅如此，多年来他和前妻埃琳·诺德格伦逐渐放下过去，建立起了健康的关系。他们既是充满爱心的父母，也是朋友。与此同时，伍兹在2018年赢得了五年来的第一个冠军，这是他职业生涯的第80个美国职业高尔夫球员协会巡回赛冠军。他向世人证明了他仍能重返巅峰，他再次回到了聚光灯下（没有什么比胜利更能消除消极联想的了）。

如今，尽管他的品牌连接组中仍然有一些消极联想，但伍兹从他那段极其动荡的生活中走出来的能力，使他的品牌连接组再次充满了积极联想。这些联想包括坚韧不拔，跌倒后重新站起，真正的冠军，充满爱心的父亲，与前妻和解，努力成为更好的运动员和更好的人，感恩能够重获机会，等等。2021年，伍兹在洛杉矶发生车祸时，围绕事故原因的猜测——许多可能会引发消极联想——也很快被平息了。伍兹的品牌连接组中的积极联想已经变得比消极联想更强大、更广泛，使这些新出现的负面信息根本无法突破这道由积极联想构筑的缓冲带。

积极联想之所以能够压倒消极联想，是因为我们大脑独特的运作方式。大脑是一个学习的机器，每天都在获取新的信息。新的经验会加强我们大脑中的一些连接，而另一些则会被移除或"修剪"（在神经科学中，这一过程被称为突触修剪）。这意味着消极联想从未真正地根植在我们的大脑中。当新的积极联想在我们的脑海中生长时，它们会开辟新的神经通路，逐步压制并取代旧的消极联想。这一过程可能会迅速展开，也可能会随着时间推移缓慢进行。随着消极联想逐渐被抑制或转化，积极联想在大脑中茁壮成长，强大的品牌连接组便形成了。正如你看到的那样，这正是新的直觉行为开始形成的时刻。

请想一想政治民意调查吧。在民意调查中，选民嘴上说着他们关心经济、就业、医疗健康、移民、税收和社会保障，但当他们走进投票点时，他们选择的是自己脑海中积极联想最多的候选人。正如我们对品牌的选择主要基于直觉一样，人们在投票这件事上的选择也是基于大脑积累的对政党或某个候选人的记忆，而这可能与他们实际提倡的政策或工作表现无关。遗憾的是，我们的大脑天生就是懒惰的。研究候选人的投票记录和政策需要花费时间和精力，因此我们往往只是根据自己脑海中积极或消极的联想快速做出决定。通过这种方式做出的决定或许不是最好的，但对我们的大脑来说，这么做是最省力的。

当你在培养自己的品牌连接组时，积极联想总是比消极联想更好。但请别忘了，品牌连接组的规模，即显著性才是最重要的。规模最大的连接组往往能够压倒竞争对手。即使一个品牌连接组中包含一些消极联想，但如果它的规模足够大，它也几乎总是能胜过规模较小的积极的品牌连接组，因为品牌连接组的物理规模，即品牌影响力是影响决策的最关键的因素。只要你让你的品牌连接组持续生长，让那些积极的分支不断生长，并在此过程中修剪掉消极的部分，那么你的品牌就会比竞争对手的更显著、更积极。那些在消费者心中占据最突出位置的品牌，将成为他们的首选。你越是不断地向人们灌输与你品牌有关的积极联想，就越能减弱他们脑海中的消极联想，从而确保他们会持续选择你的品牌。这一方法不仅适用于销售产品或是获得晋升，还可以帮助我们改变自己的偏见。

品牌偏好本质上是一种偏见

选择某种品牌本质上是一种偏见。这不是主观判断，而是客观事实。你选择百事可乐而非可口可乐，这意味着你大脑内的品牌连接组对百事可乐有积极偏见，而对可口可乐有消极偏见。你支持民主党而不是共和党，这意味着你的政治品牌连接组对民主党有积极偏见，而对共和党有消极偏见。偏见不过是我们对某个选择抱有大量积极联想，而对另一个抱有大量消极联想。虽然人们认为自己可以有意识地掌控自己的选择，但实际上，真正起作用的是人们的偏见。

是否接种疫苗，如何应对气候变化，煮鸡蛋的最佳方法是什么——诸如此类的任何一个至少有两种答案的议题（实际上所有议题都会引发多种观点的碰撞）都可以从偏见和联想的角度来思考。如果你对某个选择的消极联想多于积极联想，那么你就会形成一种消极偏见，这种偏见会影响你的直觉和决策。这些偏见都是我们大脑连接组里积极联想或消极联想积累的结果，我们生活的方方面面无不受到其影响。以民主党与共和党之间日益加剧的分歧为例，两极分化的不是民意调查的结果，而是选民大脑中的品牌连接组。

一个忠实的共和党人和一个忠实的民主党人的大脑中的品牌连接组往往是相反的。坚定的共和党人有一个充满积极联想的共和党连接组，而他们脑海中的民主党连接组则充满了消极联想。具体来讲，共和党人对自己党派的品牌连接组主要由积极联想组成，消极联想相对较少；而他们脑海中的民主党品牌连接组则刚好相反——积极联想很少，而消极联想占多数。同理，民主党人的大脑里有一个充满积极联想的民主党连接组和一个充满消极联想的共和党连接组。

正如前面讨论的那样，当一个品牌传递的内容或信息——无论是视觉的、语言的，还是其他形式的——与消费者心中已有的想法相契合时，情感连接就会产生，这就像两块拼图被完美地拼合在一起。但现阶段，人们大脑中的民主党连接组和共和党连接组并不契合，让一方产生积极联想的事物，却会令另一方产生消极联想，这两个连接组就像磁铁的同极一样相互排斥。当两个人或两个群体的连接组处于如此对立的状态时，他们似乎很难找到共同点。但情况并不一定要变成这样。

像消费品品牌一样，共和党和民主党的品牌连接组也有各自独特的品牌形象、个性和价值观。此外，这两个政党的"用户"的形象也各自不同，这些印象就是人们对典型的共和党支持者和民主党支持者的刻板印象，往往是对真实人物的夸张或简化。此外，和商业品牌一样，人们对这些政党形成的联想可能是真实的，也可能是不真实的，但这些联想是否真实其实并不重要。民主党和共和党的支持者在大脑中，对自己的党派和对方党派都积累了大量的联想。各党派的支持者在其党派内部形成了一个趋同的联想生态系统。试图说服一个共和党人投票给民主党，基本上是徒劳的，反之亦然。如今，让两党成员坐下来交流都已经变得十分困难，更不要说让他们在政策上达成共识了。当他们在家庭聚会上相见，或者在全国性的电视节目上讨论政治时，他们大脑中连接组之间的极端对立会引发一场风暴。人们心跳加快、面红耳赤，双方的对决瞬间展开。

沃顿商学院的神经科学教授迈克尔·普拉特在研究有关品牌忠诚度的大脑活动时，发现了一个非常神奇的现象。在研究中，当一个品牌的用户听到产品的负面新闻时，他们大脑里的疼痛中枢就会亮起来。侮辱你所热爱的某个品牌，竟然会在你大脑中引发类似于痛苦的生理反应。在政治领域,这种现象同样会出现,而且其引发的生理反应可能会更加剧烈。其本质是两个完全对立的品牌连接组的对抗。

一些科学家认为,共和党人的大脑在功能上与民主党人存在差异。在2011年的一项研究中,埃克塞特大学的达伦·施赖伯及其同事发现,通过观察人们的大脑功能,他们能够预测其政党倾向,并且准确率高达82.9%。很显然,没有人天生就倾向于某个特定的政党,也没有人生来就是左派或者右派。人们的政治倾向之所以不同,并不是因为他们的大脑在物理结构上有所不同,而是因为他们在大脑中积累了大量不同的记忆。这些记忆是由很多因素共同造就的,包括周遭的环境、成长的经历、媒体的宣传、个人的经验、身边的朋友,以及那些对他们产生影响的人。人们政治立场的形成更多取决于后天的环境,而非先天的本性。如今,我们生活在一个由社交媒体算法创造、充满信息茧房的世界里,这些算法不断地强化着人们固有的观点,而不是让他们去接触其他的观点。在这种情况下,人们的政治连接组变得越来越对立。

那么,我们应该如何解决这种对立的情况呢?我们又该如何缓解这种紧张局势呢?让两派达成共识的关键在于给对方党派的连接组中引入新的积极联想。首先,我们要抵制那些将我们分化的社交媒体算法。民主党支持者要主动寻找有关共和党的更客观的信息来源,而共和党的支持者也需要这样做,去调整他们大脑中民主党的品牌连接组。这是每个人的责任。

如果双方不再就当今的文化、战争等话题,在社交媒体上互相斥责，而是不断接触到对方更为温和的观点，那么两个党派的交流就有可能取得进展。请看一看那些在社交媒体上攻击别人的愤怒的网民吧，你会发现他们大脑中的品牌连接组是扭曲的。这种扭曲不是因为他们受到了多元政治观点的影响，而恰恰是因为他们长时间地接触单一的信息来源。这对他们个人和整个社会来说，都是极其不健康的。身处这个社会中，我们每个人都面临着这样的问题。如果两党成员能够更多地去了解对方，他们就会惊讶地发现，双方的共识远比分歧要多。在这个过程中，积极联想和新的神经通路将会形成，进而两党成员大脑中的连接组将会得到更为平衡的发展。在此过程中，人们会得到成长，偏见会慢慢减少，每个人都会变得更加冷静、客观。

　　我们对某个选择出于直觉的偏好，其实仅仅是因为与这个选择相关的连接组带有积极或消极的偏见。一旦认识到这一点，我们就可以在任何有争议的问题上取得进展。理解偏见产生的根源，不仅能使我们更好地理解彼此，还能让我们以更有效的方式影响他人。改变那些看似根深蒂固的偏见的方法，与改变人们品牌偏好的方法完全相同。人们在某个问题上的立场、品牌偏好、政治倾向都不是一成不变的。你所要做的是用积极联想取代人们心中的消极联想。我们要做的是基于共同的理念与对方建立联系，而不是诋毁、指责或者批评对方。我们要使用对方容易接受的方式，利用认知捷径来刺激他们增加积极的联想，从而促使新的神经通路形成和发展。本质上，如果我们想要一个对立更少、更繁荣的社会，两个阵营的人的大脑都需要成长。

当一个品牌的连接组充满消极联想时，传统的营销技巧就会失灵。实际上，这是因为人们的大脑对这个品牌失去了兴趣。当这种情况发生时，所有的营销方法都无法吸引潜在消费者。此外，当一个品牌充满消极联想时，它往往是很脆弱的。也就是说，如果这时发生了不利于这个品牌的事件（例如产品受到了污染，或是品牌代言人在社交媒体上发表了不当言论），那么本就疲软的业务将会进一步下滑。但好消息是，几乎所有的企业，无论已经失去了多少市场份额，都有可能重新焕发活力。唯一的例外是那些已经衰退了几十年，走到尽头的品牌。然而，这种情况是非常罕见的（西尔斯[1]可能是其中之一）。大多数的业绩下滑都是可以扭转的，只要让积极联想压倒消极联想即可。

2022年，麦当劳的收入为231.8亿美元，它仍然是世界上最大的快餐公司。显然，消费者对麦当劳食物的消极联想，无论是曾经存在的还是现在依然可能存在的，都被积极联想覆盖了。这当然不是说消极联想不会再次悄然潜入人们的脑海。同样，当你在打造个人品牌时，无论是个人形象、职业形象，还是其他任何类型的品牌形象，你都需要防止消极联想再次出现。这就是为什么你需要不断地监测和维护自己的品牌连接组，在追求更高增长的过程中，不断地为品牌增加积极联想。这样，你才能领先一步，掌握品牌的主动权，而不是让品牌被不断变化的环境裹挟。

---

[1] 西尔斯公司成立于1886年，一度是美国最大的零售商之一，该公司于2018年申请了破产保护。

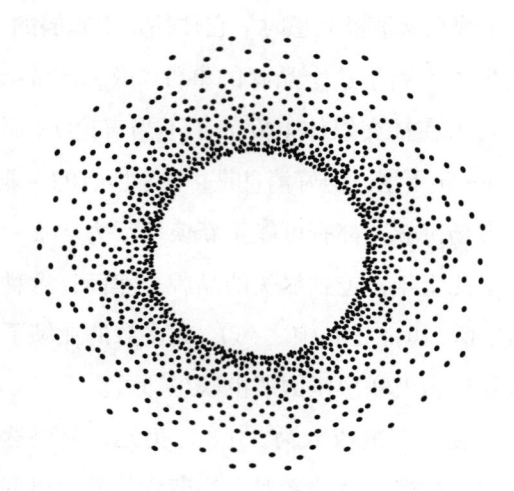

CHAPTER FIVE

第五章

熟悉感制造认知捷径

让顾客买了又买的法则

营造熟悉感比打造独特性更重要,但最重要的是要拥有辨识度。

你在逛超市，随手从货架上拿起一瓶水，这时你根本不会多想。没有深思熟虑，没有预先计划，没有反复琢磨。如果你经常喝波兰泉[1]，你会自然而然地拿起那个印有松树和潺潺小溪图案的蓝绿色瓶子。如果你的首选是纯水乐[2]，那么你会直接找到那个印有雪山图案的蓝色瓶子。你的大脑通过认知捷径来快速决策。这是大脑帮助你理解世界的一种方式。如今，普通的超市里有超过三万种商品。如果你的大脑没有这种快速决策的能力，那么面对大量的选择，你就会感到困惑和不知所措——你的购物时间可能会长达几周。

无论你最常选择的是哪个品牌的瓶装水，它的主色调大概率是象征着水的冰蓝色和白色，而且它的包装上通常会印有一

---

1 波兰泉是一个来自美国缅因州的天然泉水品牌，属于雀巢公司旗下。波兰泉的水源是天然泉水。
2 纯水乐是百事公司旗下的瓶装水品牌，纯水乐的水是经过多重净化处理的饮用水。

些标志性的图案，比如清澈的小溪、山脉或喷涌的山泉。这些颜色和图案与我们大脑中的积极的联想和记忆相契合——大自然的冷冽宁静与清新怡人，仿佛全部被封存于瓶中，随时供你享用。最成功的瓶装水品牌部在使用类似的颜色和图案，其原因显而易见：它们向你的大脑传递了一个信号，即这瓶水是你能买到的最好的水，无论它是经过净化的过滤水，还是天然纯净的泉水。

但是传统的营销法则会告诉你，如果你在经营一家瓶装水公司，那么你最好不要在包装上使用清澈的小溪、白雪覆盖的山峰等元素，也不要使用蓝白的配色。因为这些设计太常见了。它们平平无奇、毫无新意。营销人员一直被灌输着一个沿用至今的原则，那就是独特性是品牌和业务成功的核心。它已经渗透到了全世界营销人员的观念中。几十年来，商业世界中充满了这样的呼声："你要脱颖而出。""你要与众不同。""你要进行差异化竞争，否则就会失败。"

可是如果我们仔细思考，就会发现独特性的原则实际上并不成立。脑科学的研究已经很清楚地显示，作为人，我们天生就倾向于与熟悉而非独特的事物建立联系。我们渴望这种联系。比如，当我们把一个婴儿从母亲的怀中抱走，他就会号啕大哭，直到重新回到母亲熟悉的怀抱。这一点在疫情初期的恐慌性抢购中表现得尤为明显。当时，人们生存的本能被激发到了前所未有的高度，在这种情况下，消费者并没有去追求陌生的品牌，而是选择了让他们感到舒适和安全的老品牌，比如金汤宝[1]、盛美家[2]、好奇纸尿裤[3]、科顿尼尔[4]和斯科特[5]。人们选择了自己最熟悉的商品。

与我们学到的恰恰相反，独特性并不会吸引人们来关注你的品牌，它反而会让消费者感到疏远。可是，许多设计公司仍然过度地专注于创造与众不同的作品，希望能够借此帮助品牌脱颖而出，但它们完全忽视了那些真正能与消费者产生共鸣的东西。让我们来看一看瓶装水市场上的头部品牌，它们的总销售额高达数十亿美元，比如纯水乐、依云、维尔素、波兰泉、天然高山泉水和鹿园。这些品牌都使用了非常类似的颜色和标志性的图案。

在瓶装水的货架上，你会发现斐济水的身影（它的名字并未出现在畅销水品牌的名单中）。斐济水的标志是一朵立体而鲜艳的粉色芙蓉花，其花朵的图案和方形的瓶身让它的包装在瓶装水市场中体现出高度的差异化。它看起来确实很漂亮！然而，这些元素与瓶装水几乎没有关系。它的确很独特，可是人们对它并不熟悉。它看上去与瓶装水没有什么关系，也没有让人产生这个品牌的水比其他品牌更好的联想。

当然，有人会说，这朵花让人联想到斐济群岛那三百多个美丽的岛屿、大自然的纯净，以及在阳光下波光粼粼的南太平洋。

---

1 金汤宝是美国著名的食品品牌，以其罐装汤产品闻名。
2 盛美家是一个主要生产果酱、果冻、花生酱和其他早餐食品的美国品牌。
3 好奇纸尿裤是金佰利公司旗下的婴儿护理品牌，专注于生产纸尿裤和婴儿湿巾。
4 科顿尼尔是金佰利公司旗下的品牌，主要生产卫生纸和湿巾。
5 斯科特是金佰利公司旗下的品牌，专注于卫生纸、纸巾等纸制品。

但是没有人想喝瓶装的海水。尽管斐济群岛确实景色优美,但普通消费者对斐济群岛并不一定十分了解,更别提会知道这水来自维提岛[1]的自流水层[2]了。所以,尽管斐济水的包装设计可能很吸引人或是很独特,但在消费者心里,它能够引起的与瓶装水相关的联想远不如其他竞争对手。品牌对独特性的关注将会限制品牌的潜力。品牌是否与众不同并不是人们是否选择它的关键,关键在于品牌能否让人们感到熟悉并且产生与产品相关的联想。

这让我们想到瓶装水包装上的雪山图案。白雪皑皑的山峰之所以能够成为营销奇迹,是因为它在人们的无意识心理中占有一席之地。虽然包装上的山峰并没有多么独特,但它承载着丰富且意义深远的积极联想,比如纯净、原始、自然、冷冽、环保。你甚至会想象,人们攀登到山顶,用水桶盛满纯净的冰川水,再将它们带下山、装瓶并运送到附近的商店。有谁会不希望自己选择的瓶装水品牌与这些美好的联想联系在一起呢?

然而,成功的营销并不只是简单地找到一个标志性的图案,然后直接使用它。事情要复杂得多。这个图案需要带有积极的联想,更重要的是,它要以一种与你的品牌密不可分的方式呈现出来。这就是为什么对品牌来说,虽然营造熟悉感比打造独特性重要,但拥有品牌辨识度才是它的最高追求。辨识度能撬动那些已经存在于人们无意识心理中的熟悉且积极的联想和记忆,并将它们与你

---

[1] 维提岛是斐济群岛中最大的岛屿。
[2] 自流水层,通常被称为自流水含水层或自流水带,指的是一种含水层,在其中的水由于受到上层岩石或土壤的压力,会自然地流动或涌出地表。这种自流水的水质相对纯净。

的品牌联系起来，从而让目标消费者下意识地选择你的品牌。

辨识度与独特性不同。独特性在于追求差异化，例如在红色的番茄酱产品上使用黑色的包装。追求独特性实际上会将人们推远，而品牌辨识度则会把人们吸引过来。瓶装水品类中的领军品牌纯水乐，巧妙地建立了自己品牌的辨识度。他们在显眼的位置设计了一个抽象的图案，图案描绘了一座白雪皑皑的山峰，旁边伴随着一枚橙色的正在冉冉升起的太阳。诚然，这个图案利用了雪山产生的积极联想，但更重要的是，品牌通过对雪山进行风格化和抽象化设计，让这个图案变得独具辨识度，从而成了品牌独有的标志性图案。这也是你的目标：利用人们熟悉的元素，打造出属于你的品牌独有的鲜明特色。

熟悉 + 新鲜 = 购买

如果一家公司能够将一个品牌推向市场，尤其是能在激烈的竞争里脱颖而出，成功吸引大家的注意力，那么人们通常就会认为，这个品牌在接下来将会有不错的表现。那些能吸引人们哪怕片刻注意力的广告，都能在信息的洪流中脱颖而出，凭借创意赢得关注。这些广告往往是那些赢得戛纳广告节金狮奖（广告界的"奥斯卡"）、克里奥国际奖、英国设计与艺术指导协会奖和金铅笔奖的作品。这些广告实至名归，它们引人注目、令人发笑，是最具创意和最为引人入胜的作品。它们是我们在超级碗比赛后仍会谈论的话题，人们甚至可能会去网上再次观看这些广告。它们是脱颖而出的广告，但这并不意味着它们能带来实际的销售增长。

"出圈"实际上是广告行业中一个极为重要的指标，用来衡量一则广告在数字媒体、印刷媒体、电视，或是其他各个渠道的表现。它可以是电视上30秒的广告，也可以是优兔上7秒的视频。广告成功"出圈"，意味着观众不仅会记住广告本身，也会记住它所推销的产品或服务。可是，大多数营销和广告行业从业者认为，广告成功出圈的关键在于它的独特性。仿佛广告越新颖越好，恨不得想要来自火星、前所未见的创意。如今，许多广告公司和品牌的营销部门仍然深受传统针对意识心理营销的规则影响。

事实上，不只是营销人员，这种对独特性的偏好已经影响了我们所有人。我们都陷入了必须脱颖而出的执念中，跟随着营销人员的步伐，不断追求有创造性的全新产品和传播方式。然而问题在于，广告出圈的关键并不在于标新立异，而在于引人入胜，在于将人们的记忆与品牌所传达的信息匹配起来。当人的大脑在新的环境中识别出熟悉的东西时，它就会像飞蛾扑火般被吸引。当这种情况发生时，你所拥有的就不再只是那些能为你赢得奖项的创意，而是真正能够推动业务发展的创意。无论你是《财富》500强企业的首席营销官、领导力培训咨询公司的创始人，还是科技初创公司的首席执行官，营销的关键不在于你的广告是否独特，而在于它是否具有足够的黏性，能够让你的消费者认同并接受你的品牌。

只要去看一看那些表现最为强劲的电视广告，你就会发现它们始终遵循着这一策略。比如，2023年超级碗，爆米花脆片播出了一支以《绝命毒师》为主题的广告。在广告中，演员布莱恩·克兰斯顿和亚伦·保尔重现了他们在《绝命毒师》中饰演的角色——从高中化学老师变成毒枭的沃尔特·怀特，从他的学生变成他的制毒伙伴的杰西·平克曼。《绝命毒师》曾赢得10多项黄金时段艾美奖、多项金球奖和众多其他奖项。在爆米花脆片的广告中，这对出人意料的组合再次联手，但这次他们制作的不是标志性的"蓝冰"毒品，而是一款让人无法抗拒的薯片。广告含蓄地传达出薯片那令人难以抗拒的美味。爆米花脆片的"绝命好味"广告是对人们熟悉的事物进行创造性改编的完美范例——这是广告策略中最有效的手法之一。根据益普索[1]的创意火花测评，这则广告的创意效果指数得分高达216，而这项测评的平均分一般为70~130，这个得分充分展示了该广告的卓越效果。根据益普索的数据，创意效果指数得分较高的广告带来的销售额比得分较低的广告高出44%。

同年的超级碗期间，迪士尼和谷歌的广告都获得了较高的创意效果指数得分，分别为184分和130分。迪士尼的广告回顾了公司的百年历史，展现了许多经典的场景，从《睡美人》《欢乐满人间》，到《冰雪奇缘》《魔法满屋》。广告甚至包含了华特·迪士尼本人的画外音。几乎每个人的童年都与迪士尼有关，对一些

---

[1] 益普索是一家全球领先的市场研究公司，该公司为客户提供市场研究、广告效果评估、公共舆论调查等多种服务。

人来说，这种关联一直延续到了成年。人们的脑海中充满了对这些场景的积极联想。这则广告将这些怀旧的片段放在新的情景中，深深地吸引了观众。

谷歌的广告更加值得我们关注，其"在 Pixel 手机[1]上修图"的广告展示了 Pixel 手机用户如何"擦除"照片中的特定区域或人物。通过使用相同的视觉手法，即圈出照片的一部分然后反复擦除它（这是一种人们熟悉的手势），谷歌在不依赖明星的情况下创造了极高的观众参与度和转化率。这是一项了不起的成就。

过于引人注目可能没有你想象中那么好。你不会穿着万圣节服装参加正式的活动。如果你这么做了，你肯定会在人群中"脱颖而出"，但下一次他们很可能就不会再邀请你了。如果你参加一家跨国银行的工作面试时穿着夏威夷衬衫、短裤和凉鞋，那么面试官肯定会记住你，但你一定不会进入下一轮面试，你甚至可能在打开摄像头参加视频会议的那一瞬间就被淘汰了。这些例子为我们引出了一条新的规则：与其追求引人注目，不如让你所传递的信息在品牌与观众的大脑之间建立起认知捷径。比如本书开篇提到的安娜，她选择的白色套装唤起了人们对 20 世纪早期女性参政者力量的记忆，象征着决心和执行力。通过利用人们大脑认知捷径中熟悉的元素，你的品牌会逐渐进入观众的记忆之中。

---

1 Pixel 是谷歌推出的智能手机品牌，以其先进的相机功能和紧密集成的谷歌服务而著称。

当谈到创新时，人们想要的并不是全新的东西。人们更想要那些既让他们感到熟悉，又能轻松融入新情景的创新。这些创新让我们感到安全，又能带来一些新鲜感。比如，Swiffer[1]拖把被誉为家居清洁领域的一大创新，但它无论看起来还是用起来都像传统的拖把一样。它的改进符合人们无意识心理中对拖把的认知和期待：一个长柄和一个拖把头。成功的创新会利用人们熟悉的元素，顺应大脑的运作方式，借助大脑中现有的神经通路，而不是引入全新的事物。这一理念在各个领域都取得了成功，从我们购买的商品，到我们观看的电影和电视节目，再到其他众多领域。

续集唤醒顾客记忆

每年，都会有许多品牌通过对产品做些许改动，来丰富现有的产品线。这是对现有产品的升级创新，它可以是低卡版本的饼干、增加了第三个摄像头的升级版智能手机、新版型的裤子、能使睫毛增长两倍的睫毛膏、网剧的新一季，或者是作者基于自己之前作品而推出的个人励志图书。所有这些都是对产品线的扩展。公司通常会提前数年规划出一系列这样的产品，然后将它们逐步推向市场。这就是为什么像多力多滋[2]这样的公司会有上百

---

1 Swiffer是宝洁公司旗下的一个清洁用品品牌，它以其便利的一次性清洁产品而闻名。
2 多力多滋是百事公司旗下的薯片品牌，主要产品是一种由玉米粉制成的三角形玉米片。

种不同口味的玉米片，从经典芝士味和牧场酱味，到甜辣味和辣芝士味，再到有机白切达芝士味和激浪味。它们都是玉米片，只是撒上了不同口味的调味料。

品牌选择丰富现有产品线的内容而不是推出全新的产品，其原因显而易见——从零开始开发和推出全新的产品不仅成本高昂，还面临更大的挑战。基于现有产品线升级的产品可以依托于品牌已经建立的联想和品牌连接组。通过丰富现有产品线的内容，品牌可以利用多年积累的积极联想，借助多年品牌建设的成果，让新产品更容易获得成功。而且，新产品线越接近原有的产品，它在市场上的表现就会越好。比如，尽管多力多滋推出了许多大胆新奇的口味（比如深夜芝士汉堡味），但牧场酱口味作为品牌在经典芝士味之后推出的第一个新口味，依然最受欢迎。

在娱乐行业，丰富产品线的主要方式为出品续集和前传。尽管有许多例子可以参考，但让我们先来看看2022年大热的网飞网剧《星期三》。这部剧上线第一周的观看时长接近60亿分钟，成了网飞有史以来观看量前三的剧集之一。这部剧围绕着广受欢迎的亚当斯家族展开。亚当斯家族的角色首次出现于1938年的一部漫画中，随后在20世纪60年代播出的一部风靡全球的电视节目中再次出现。20世纪90年代，亚当斯家族的三部电影接连上映，其中第一部获得了史上第二高的非首映周末票房，并在当周首映周末票房榜上高居第12名。此外，2019年和2021年上映的两部动画片也让亚当斯家族继续留在公众的视野，并让新一代的观众也认识了他们。亚当斯家族品牌持久的影响力为网飞的重新演绎提供了坚实的基础，让《星期三》成功地获得了观众的喜爱。

《星期三》依旧围绕着那个充满恐怖元素的哥特式怪诞家族展开。但这一次，主角不再是莫蒂西亚和戈麦斯，而是他们的女儿星期三——这个改编完美地契合了当前的时代文化。如今，强势的女性主角成了成功剧集的关键元素，从《权力的游戏》中的丹妮莉丝·坦格利安，到《了不起的麦瑟尔夫人》中的米里亚姆·麦瑟尔和苏茜·迈尔森，再到《使女的故事》中的琼·奥斯本，都是如此。在《星期三》中，亚当斯一家的女儿在学校把两袋食人鱼放进了男游泳队的泳池，导致了混乱的局面。她因为这次恶作剧而被学校开除，然后被送到了一个专门接收异类学生的寄宿学校。

这部剧让婴儿潮一代想起20世纪60年代的黑白电视节目，让千禧一代回忆起之前看过的电影，而Z世代的观众则被《星期三》里面的一段特别的舞蹈吸引。这段舞蹈在抖音上迅速走红，几乎所有人——甚至连母亲们都伴随着美国摇滚乐队The Cramps的"Goo Goo Muck"一起模仿星期三的动作。在《星期三》播出时，亚当斯家族的品牌连接组已经发展了将近85年，而对星期三这个角色的新演绎只会进一步扩大这个品牌的影响力。

由于熟悉感会在我们的大脑中带来舒适感，因此一个产品、剧集或理念越是被人们所熟知，就越有可能成为人们的首选。亚当斯家族早已在我们的神经网络中占有一席之地，因此他们的复出正好唤醒了我们脑海中已有的联想和记忆。但《星期三》里有一处改编，即剧集的背景设定并不是在20世纪30年代、60年代或90年代，而是当代。亚当斯家族成员以外的角色身着现代服装，手里拿着智能手机。而莫蒂西亚、戈麦斯、帕格斯利、卢尔希和星期三依旧身穿着黑灰色的20世纪初风格的服装。星期三依然留着她标志性的黑辫子，一如既往地冷酷无情。如果这个角色出现在荧幕中时笑容满面，留着金色短发，穿着雏菊花纹的夏装，那就会给人一种奇怪的感觉。我们的大脑会拒绝这个形象，而这部剧也不会取得那样的成功（甚至可能根本不会问世）。

熟悉感的力量在娱乐行业中随处可见。在《星期三》上映同年，观众极为期待的1986年版《壮志凌云》的续集《壮志凌云2：独行侠》成为年度票房最高的电影。它在美国和加拿大的票房达到了7.19亿美元，全球总票房更是高达14亿美元。时隔40年，《壮志凌云》的品牌连接组依然强大，它的续集轻松地击败了所有竞争对手。当然，在这40年间，《壮志凌云》的各种周边产品、恶搞作品和文创产品让电影和其中的角色始终活跃在我们的记忆中，使得这种熟悉感深入人心。当听到肯尼·洛金斯的《危险地带》或《壮志凌云》主题曲时，没有人能不联想到这部电影。而汤姆·克鲁斯自那时以来，就一直活跃在影迷的视野中。他的《碟中谍》系列电影是另一个绝佳的例子。这个系列最初改编自20世纪60年代的一档电视节目，自1996年开始上映以来，7部电影都取得了巨大的成功。

丰富产品线是打造品牌帝国的关键：詹姆斯·邦德、印第安纳·琼斯、星球大战、漫威宇宙、蝙蝠侠、夏洛克·福尔摩斯等，都是经典范例。然而，丰富产品线的尝试并不一定都会成功。如果一个品牌连接组比较弱或是充满了负面联想，那么由它拓展出的新产品就可能难以取得成功，因为品牌的基础过于薄弱。在考虑丰富产品线之前，请先问自己两个问题：第一，你是否只是为了填补因品牌下滑而产生的收入缺口？第二，你扩展的新产品能否为品牌吸引新的客户？如果你对第一个问题的答案是"是"，而对第二个问题的答案是"否"，那么你拓展出的新产品可能不能发挥它全部的潜力。然而一个健康、蓬勃发展的品牌连接组，则可以持续不断地丰富现有的产品线，逐步完善其产品阵容。按照这种方式，随着时间的推移，一个单一品类的品牌有可能发展成为跨品类的超级品牌。

有人会认为，仅仅依靠现有品牌的熟悉联想，会使品牌和产品变得千篇一律、无聊或缺乏新意。我们真的需要重启亚当斯家族这么多次吗？难道它的生命力还没有耗尽吗？显然没有。利用人们记忆中已有的熟悉联想，会使你的成功概率大大增加。但是，请不要误会——完全照搬过去的做法是行不通的。你必须对人们熟悉的事物进行全新的演绎，赋予它独特的亮点。

用辨识度讲述品牌故事

请想象一个完美的橙子。它有着鲜艳的颜色、圆润饱满的形状，它带着柑橘的香气，微酸中透着浓郁的甜味。它仿佛刚从果园里摘下一样，有着佛罗里达顶级橙子的品质。如果将这个完美的橙子形象印在一瓶橙汁的包装上，那么它就成了一个图像触发点。然而，市场上最畅销的橙汁品牌纯果乐，给它的橙子图案添加了一个小小的细节：一根红白条纹的吸管。这个细节创造了强大的品牌辨识度。橙子上插着一根吸管，让果汁仿佛可以直接从果实中吸取出来。你几乎可以感受到吸管插入橙子里的动作，就好像有人迫不及待地想要喝上一口那完美橙子的果汁。它不是一颗普通的橙子，但也谈不上非常特别。然而，它却传达了丰富的信息。

积极联想从这个图案中涌现出来，它们不仅和完美的橙子相关，还和理想中的橙汁紧密相连。这些积极联想包括绝佳的口感、绝对的新鲜、纯天然的水果、直接从果园采摘、在最合适的时机采摘、未经加工处理。像所有成功的增长触发点一样，我们大脑里的认知捷径通过丰富的积极联想，对这个品牌留下了品质卓越的印象。纯果乐只是对我们熟悉的橙子进行了一点小小的创意改动，但正是这一细微的变化，不仅让这个图案变得更独特，还让它成了该品牌的专属标志。虽然它只是一个橙子加一根吸管而已，但那个插着红白条纹的吸管的橙子形象，已经进入了我们的大脑，成为纯果乐品牌连接组的一部分，并且为品牌带来了大量的积极联想。这就是为什么纯果乐在美国至今仍然是领先的橙汁品牌，仅冷藏橙汁一类产品的年销售额就接近 10 亿美元。这才是真正的占领消费者心智的品牌。

辨识度通常来自有辨识度的品牌资产（distinctive brand assets，下文简称"DBA"），DBA 是指品牌拥有的让人们感到熟悉的元素，这些元素可以是品牌有意传达的，也可以是人们自己联想到的。这些都是强有力的品牌标志，会逐渐进入人们的大脑，并与品牌紧密相连。DBA 的美妙之处在于，它们能够扩大品牌连接组的规模，从而加速品牌知名度的增长；它们能在品牌与消费者之间建立更紧密的关联，如果这些 DBA 对人们具有深远意义，其关联将更为紧密；它们还能增加品牌的辨识度，也就是品牌的差异化程度。品牌标志是品牌最早的 DBA，比如亚马逊的箭头、梅赛德斯－奔驰的三叉星标、奥林匹克的五环、照片墙的相机图标、CVS 药局的方形爱心、《纽约时报》的 T 字标志，以及苹果那被咬了一口的苹果标志。这些都是简明的品牌标志，让人一眼就能认出它们。但仅有品牌标志是不够的。要在当今的市场上建立品牌的知名度，你需要用一整套 DBA 去讲述你的品牌故事。你需要让这些 DBA 不断地触达消费者，以此讲述品牌故事并构建一个健康又庞大的品牌连接组。这些 DBA 包括：

- 品牌世界。你的品牌存在于此。无论你通过什么渠道宣传你的品牌，你的品牌世界都是统一的。如果你是生产和销售登山靴的品牌，那么你营造的品牌世界可能是与自然、冒险和户外活动相关的场景，比如一条穿越树林或通向山峰的美丽小径。
- 专业性。在展示专业性方面，你可以呈现一个图形或其他视觉元素，以快速介绍你的产品为何品质卓越。比如高露洁的椭圆形彩条弧线象征着其产品功能全面——它不仅可以保护牙齿免受细菌侵害，还能在整个口腔内形成保护屏障,杀灭牙龈、脸颊和舌头上的细菌。这条弧线不仅出现在高露洁的包装上,还出现在广告中人物头部的周围,成为品牌普遍使用的象征着保护的符号。这种设计向消费者传递出了高露洁在口腔护理领域的专业性。

- 消费者收益。品牌需要通过视觉的方式向消费者展示,在使用了该产品或服务后他们将会获得什么好处。例如,红牛饮料通过翅膀这一视觉符号,展现了饮料可以让消费者焕发活力。

- 标志符。符号是最简洁、最简化的表达,它充满了积极的联想,例如印有"100% 天然"字样和树叶的圆形印章标志符,或者包装上的三角形回收标志符。需要注意的是,印章本身就代表着权威和声望,因此能构成一个强有力的认知捷径,但只有当设计师将其打造为专属于某个品牌的独特标志符时,它才成为这个品牌的DBA。

益普索曾对2000多个美国创意广告进行了研究,结果显示,使用视觉或音频等非语言DBA的广告,比那些没有使用这些DBA的广告表现更佳,品牌识别度和关联准确率高出34%。

尽管DBA听起来与增长触发点有些相似,但它们并不相同。在纯果乐的例子中,插着吸管的是一个DBA,也是一个增长触发点,因为它可以引起很多积极的联想。然而,品牌的吉祥物可能是一个DBA,但不是一个增长触发点。托尼虎将永远与家乐氏的香甜玉米片联系在一起,但卡通老虎并不会提供任何与谷物相关的积极联想（或可能根本没有任何联想）。同样的例子还有美国家庭生命保险公司的鸭子和 GEICO 保险公司的壁虎——单独来看，鸭子和壁虎本身并不会引发与保险相关的积极联想，因此它们不是增长触发点。

真正的成功在于找到一个充满强大联想的认知捷径，并将其转化为品牌的 DBA。就像纯果乐插着吸管的橙子和纯水乐白雪覆盖的山峰。这两个品牌标志不仅是增长触发点，它们也是我所说的具有辨识度的品牌触发点（distinctive brand trigger，下文简称"DBT"）。它们既是强大的增长触发点，也是品牌的 DBA。基于这一点，开发 DBT 的最佳方式是选择一个在你的产品品类中有意义的图像或符号，再以一种有辨识度的方式将其与你的品牌联系起来，这样做能最大程度地确保该 DBT 被存入人们的记忆中，而这对快速扩展品牌连接组和加速收入增长至关重要。比如，希罗菲卢斯是一家生物技术初创公司，专注于研发治疗和治愈神经系统疾病的新药。它的品牌标志是一个简单的双侧大脑图案。左侧部分画有许多小圆圈，代表大脑内部的突触或神经元，而右侧则是常见的大脑皮层的图像。在这个领域中，这个标志不但非常贴切，而且极具辨识度。

综合来看，这是一个令人印象深刻的图案。它直观地传达了公司的专业性、简化复杂问题的能力和科学严谨的态度。我们很快就相信这家公司具备在神经领域取得突破的能力。这个名字本身也是一个 DBT，它借用了古希腊医生希罗菲卢斯（公元前335—前 280 年）的名字，他被认为是最早的解剖学家之一。这个公司名称为品牌带来了积极的历史联想，同时将品牌与原创、革新这些词联系起来，充满了积极的联想。公司的标志和名字成为该公司的 DBA，给人以卓越的品牌印象。

DBA 十分有效，导致法律界的人士都开始质疑，使用与其他品牌类似的 DBA 是否构成对其他品牌的知识产权侵权？使用其他品牌的 DBA 不就是在"窃取"这些品牌长期以来建立的积极联想吗？这个问题确实值得讨论。请想一想强生公司婴儿洗发水和相关婴儿产品上的泪滴标志符吧。半个多世纪以来，那个泪滴一直与强生的"无泪配方"联系在一起。但零售商自有品牌——它们是大公司 DBA 最常见的借用者——往往也在它们的包装上使用类似的泪滴图案。这些自有品牌只是稍微改变一下泪滴原本的形状，然后把自己的产品放在强生的产品旁边。结果是什么呢？通过利用强生品牌几十年来在消费者心中建立的积极联想，这些零售商自有品牌获得了很大的市场份额。在一些品类中，零售商自有品牌的市场份额低于 10%，而在另一些品类中，这一比例可以达到 30% 或更高。这都是因为零售商自有品牌借用了大品牌的 DBA 带来的积极联想。

DBA 是如此强大，以至于即使你只展示其中的一部分，消费者的大脑也会自动补全整个 DBA。你可以用任何知名品牌的 DBA 试试。即使你只看到多芬（Dove）洁面皂上的 D 或 e，你也仍然会立即识别出这个品牌。这同样适用之前提到的任何品牌：多力多滋（Doritos）的 D、亚马逊箭头的一部分、不完整苹果，或者是汤姆·克鲁斯在飞行员太阳镜下露出的半张面孔。

仅展示 DBA 的一部分实际上会大大增加人们的参与感——这对大脑来说就像一个有趣的拼图游戏。本质上，我们的大脑能够根据先前的印象预测 DBA 剩余的部分。大脑不仅会被动地接受和处理所收到的信息，还会根据过去的经验和记忆主动预测和补全当前接收到的信息。当你的 DBA 在所有营销活动中被广泛使用、无处不在时，人们的大脑就可以更好地预测它所缺失的部分，即使没有看到完整的图像也能将其补全。如果某个 DBA 强大到即使它不完整，人们也依然能够认出它来，那么显然，这个 DBA 就是成功的。

然而，许多公司并未真正地认识到 DBA 的力量。它们不了解它蕴含的巨大价值。这些公司以追求时尚或创新的名义，或者仅仅是因为不理解其重要性，主动放弃了自己的 DBA。它们更改品牌名称、更新包装、撤掉吉祥物、重新设计店铺环境。这样做的后果是，它们无意中剥离了那些对品牌来说具有重要意义的元素。我们可以把大脑想象成一个导航系统，公司移除那些 DBA 时，就好像是在移除消费者大脑中的路标，而这些路标是消费者寻找公司产品、判断品牌和产品质量的依据。如果品牌移除的 DBA 太多，消费者的大脑就没有足够的线索来引导他们找到你的产品。有一个很有用的方法能帮助我们真正地理解 DBA 所蕴含的巨大力量，那就是去思考当这些 DBA 被移除时会发生什么。

经典设计要谨慎修改

2008年,纯果乐决定更新它的品牌,这一决策导致的包装设计失误,成了营销史上最著名的案例之一。"失误"一词不能完全体现这个错误的严重性——那简直是一场灾难。这个决定给公司造成了大约5500万美元的损失。纯果乐在聘请了设计传媒公司阿内尔集团后,不仅决定要从果汁的包装中去掉吸管,而且还要去掉橙子本身。曾经的标志性图案和DBA被一大杯刚刚倒出的橙汁取代,杯口顶部还漂浮着细腻的气泡。虽然纯果乐给包装盒上添加了一个橙子形状的瓶盖,但这不足以让消费者的大脑产生与果汁相关的联想。人们想到的是——吸管在哪里?橙子在哪里?

看起来,阿内尔集团说服了纯果乐将重点从橙子转移到橙汁上。但事实上,当人们认为食物或饮料接近其自然源头时,积极的联想会浮现出来。然而,阿内尔集团和纯果乐改变了设计方向,使包装上的图案远离了橙汁的自然源头,而贴近了它的消费场景。这就好像是在说:再见,橙子!你好,玻璃杯!

然而,直接将吸管插入橙子中吸取果汁,就仿佛从清泉中直接饮水,这种感觉是将橙汁从纸盒倒入玻璃杯中再饮用完全不能相比的。吸管与橙子象征着橙汁的来源和品质,而一杯橙汁则有可能是稀释后的浓缩果汁,也有可能是质量低劣的果汁。插着吸管的橙子这一强有力的暗示为品牌积累的积极联想,一瞬间就被抹去了。这次重新设计的包装不仅没有对品牌产生正面的影响，反而成了破坏品牌价值的典型反面案例。

这种价值破坏绝不是小事。2009年年初，新包装面世时，它对公司的影响几乎立刻就反映在了其财务表现上。公司的现金急剧减少，销售额在两个月内下降了20%（约3000万美元），而竞争对手则吸引走了许多原本属于纯果乐的顾客。为什么会发生这样的情况？原因很简单。公司对其拥有的宝贵的DBA并不总是十分了解，因此常常低估了它们在左右消费者的直觉选择上的重要性。这样的事在现实中经常发生。因此，在对DBA做出任何改变之前，品牌必须首先了解消费者由DBA而产生的联想。

我们这里讨论的不是产品或品牌的属性，也不是消费者的喜好。举例来说，在传统的市场调研中，你可能会向一个焦点小组展示两个不同的包装设计，一个是插有吸管的橙子，另一个是装在玻璃杯里的橙汁。如果你用传统的提问方式问他们哪个包装更"吸引人"，那么他们有可能会选择印有玻璃杯的包装，理由是它更有现代感。但这个回答是他们的意识心理给出的答案。为了了解他们的无意识心理，你应该询问，这两种设计引发了他们什么样的联想。当你这样做时，你会发现，插着吸管的橙子会引发大量的积极联想，比如品质上乘、天然和新鲜；而玻璃杯引发的积极联想则相对较少。因此，如果你知道你的DBA具有强大的引发人们积极联想的力量，尤其当它是消费者在网上或货架上寻找你品牌的关键线索时，你就需要谨慎行事，避免对这些DBA进行任何重大的更改。

简单来说，阿内尔集团没有意识到这个DBA中所蕴含着的力量。阿内尔集团对它掉以轻心，轻率地放弃了一项消费者非常熟悉的 DBA。这不仅是消费者在货架上寻找心仪品牌时的重要指引，更构成了一个承载丰富积极联想的认知捷径——它让人们对纯果乐的橙汁产生了品质卓越的印象。阿内尔集团还改变了包装上的字体，但相比于让品牌变得难以辨认，这一变化显得微不足道。大多数消费者在购买橙汁时，更多的是去寻找条纹吸管和橙子的图案，而不是品牌名称本身。尽管字体也可以成为品牌的 DBA，但在纯果乐的案例里，字体的变化确实被图像的变化掩盖掉了。纯果乐的品牌辨识度降低了。

了解了大脑的工作原理，我们就不难理解，为什么这次包装设计的改变会以失败而告终。纯果乐移除的是非常具有品牌辨识度的元素，它们深植于消费者的记忆中。本质上，纯果乐是将自己从消费者的脑海中抹去了，就像 2004 年的电影《暖暖内含光》中的角色们的记忆被抹除一样。（如果你看过这部电影，你会记得，那些令人印象深刻的、最积极的记忆永远不会完全消失。）当消费者在货架上看到全新的纯果乐包装时，他们首先可能会想到的是："你们把我的果汁换掉了。我每周都买的那个我熟悉又喜欢的果汁去哪了？"由于包装的外观传达了内部产品的信息，因此当你移除了那个强有力的标志时，你其实就是在暗示消费者，果汁本身也发生了变化。

事实上，包装设计的更新很容易导致 10%~15% 的销售额下降。即使包装之下的产品完全相同，但是一个细微的包装设计的变化，也会让消费者觉得产品本身已经变了。改进后的包装吸引来的消费者为品牌带来的增长，往往难以弥补因包装变更而流失的消费者给品牌带来的损失。对纯果乐来说，品牌原本的强有力的视觉暗示不存在了，或者说，品牌原有的成功吸引了众多消费者的图像触发点不存在了。这意味着潜在的消费者无法被曾经那个强有力的图像触发点触达。没了这个传达橙汁优越性的DBT，纯果乐不仅失去了现有客群，也失去了潜在客群。

这种情况时有发生。有人可能说服了管理层，让他们认为橙子和吸管已经过时了。每个橙汁品牌都在使用橙子，让我们尝试一些独特的东西吧。但其实你并不需要独特的东西，你需要的是消费者熟悉且认为有意义的东西，然后在此基础上进行一些有辨识度的改动。在纯果乐2008年的老包装上，那颗橙子的底部还连接着一片绿色的小叶子，进一步强化了橙子是新鲜采摘的这一联想。当橙子上没有吸管时，它只是一个大家熟悉的橙汁品类通用的视觉暗示；而有了吸管后，它才成了专属于纯果乐的DBA。如果没有这两个元素，它就是一个失败的设计。纯果乐发现问题后，立即宣布恢复旧的包装设计。虽然没有了那片绿叶子，但吸管和橙子回来了，纯果乐也重新赢得了市场领导地位，并保持至今。

案例分析：马奇 vs 小黄鸭

直接移除或大幅修改包装设计中的关键元素或者DBA，只是破坏品牌价值的形式之一。还有很多其他的方式也会破坏品牌价值。让我们再次将目光聚焦于吉祥物吧，那些深受喜爱的吉祥物无形中传递出强烈的积极联想。放弃它们，可能会导致品牌失去行业领先地位，丢掉第一的位置。

20世纪60年代，棕榄洗洁精推出了一个叫马奇的角色，她是一个由女演员简·迈纳饰演的可爱的中年美甲师。在近30年里，马奇频繁地出现在美国的电视广告和平面广告中。她经常会拿顾客的手开玩笑，比如："我要报警了！这双手简直是犯罪！""看到你的手，我真希望我是个护士。"说完，她总是会提供一个令人意想不到的解决方案。没错，就是棕榄洗洁精。顾客起初都不相信，直到发现马奇已经将她们的手浸泡在洗洁精里时，才恍然大悟。"你的手就在里面泡着呢！"马奇说。顾客会下意识地把手抽出来。一位毫无防备的顾客吃惊地问道："它温和吗？"马奇回答道："哦，它可不只是温和而已。"通过那句反复出现的广告语"棕榄洗洁精让你在洗碗的同时柔软双手"，她成功说服了对产品抱有怀疑态度的顾客。这些顾客通常是家庭主妇，而她们最终相信了棕榄洗洁精的神奇效果。

洗洁精需要为消费者提供两项价值。首先，它必须有效清除油污；其次，它必须对手部皮肤温和无刺激。棕榄洗洁精的理念是，洗洁精不仅要能清洁碗盘，还要能对人们干燥、开裂的皮肤有修复功效。这个理念本身或许就很有吸引力，但马奇才是使广告大获成功的关键人物。人们喜欢她。她风趣幽默、不拘小节、平易近人、乐于分享自己珍藏的秘密。观众——尤其是那些在20世纪60年代、70年代和80年代受到广告影响的人——与马奇建立了一种情感连接。这种关系就像她们与家附近的美甲师建立，或者希望建立的关系。更妙的是，她们不用去美甲也能感觉到马奇的陪伴，她们随时都能买到棕榄洗洁精。

20世纪60年代到80年代，许多女性在家中照顾孩子和操持家务。去做指甲或是做头发是一种社交方式，甚至是情感出口。20世纪60年代，大多数的美国母亲并不会去做心理治疗，但她们可以和像马奇这样的人敞开心扉，以诚相待。在棕榄洗洁精的广告中，马奇总是在关心她们，她永远不会做任何伤害她们双手的事情。马奇照顾她们，作为回报，她们信任马奇。

然而，在马奇陪伴了品牌几十年后，有一天，她突然消失了。20世纪90年代的营销团队认为马奇已经过时了。他们认为马奇对品牌已经没有意义了，对新一代消费者而言尤其如此。他们认为品牌是时候向前迈进了。但棕榄洗洁精没有意识到，通过多年来使用马奇的形象，品牌在消费者心中积累了很多积极联想，比如热心、可信赖、真实、有效、直言不讳、风趣幽默等，马奇也是消费者的顾问和朋友。他们投放了许多不同的广告来取代马奇，不再沿用马奇这个美甲师朋友和知己的形象。

虽然马奇的离开是突然的，但与纯果乐相比，它造成的后果经过了较长的时间才反映出来。起初，棕榄洗洁精并未在品牌属性的追踪数据中发现明显的变化，这些追踪指标主要关注的是品牌价值。但几年后，品牌健康度似乎毫无预兆地急剧下滑，出现了两位数的下降。管理层不知道是什么导致了这种情况。这是因为，公司并不会监测人们的记忆。正如我们之前所讨论的那样，品牌只追踪关于品牌或产品属性的数据。这些数据有误导性，它们反映的不是消费者心中的联想。

那么这几年间到底发生了什么？对像马奇这样令人难忘的DBA，消费者对她的记忆会在脑海中停留足够长的时间，她在被移除后的一段时间里依然能积极地影响着人们对品牌的认知。因此，在马奇刚被取代的那些年里，公司领导层可能因为业务的顺利开展和品牌健康度的稳定而感到自信。但在几年之后，消费者心里与马奇相关的记忆逐渐消退了，品牌健康度也随之急剧下降。公司领导层措手不及，因为他们没有监控隐藏在消费者大脑中的联想。

像药物或咖啡因一样，记忆在我们的系统中也存在着半衰期。它们会持续一段时间。但之后如果没有被强化，记忆就会随着时间的推移开始淡化，被新的联想和记忆挤占，大脑中的品牌连接组规模占据的物理空间也会减少。这种情况在各种品类和品牌中经常发生。DBA被移除、营销活动断断续续或是广告预算被削减，在这类事件发生后最初的那几年里，品牌会保持稳定，但很快就会出现自由落体般下滑。记住，大脑之所以会不断变化，是因为有新的输入和刺激不断出现。移除一个强大的DBA，就像是从电影首映夜排队的队伍中退出。一旦离开，再想回到原来的位置几乎是不可能的。

这正是棕榄洗洁精遇到的情况。随着它在消费者大脑中的记忆逐渐消失，一个主要的竞争对手慢慢地将之取代。这个竞争对手的成功部分得益于他们的吉祥物——一只可爱的小黄鸭。国际鸟类救援中心花费多年时间，研究如何清洁因石油泄漏而被污染的鸟类。研究者测试了不同的清洁方法，1978年，他们发现，在所有测试过的清洁剂中，最有效的品牌是朵恩[1]。按照该中心主任杰伊·霍尔库姆的说法，朵恩能够溶解油脂，快速去除油污，可以被鸟类食用，而且只要冲洗干净就不会伤害它们的皮肤和眼睛。朵恩不仅是一种有效的清洁剂，它还足够温和、安全，不会伤害鸟类脆弱的羽毛。而且这种清洁剂很容易购买，哪怕你住在阿拉斯加州最偏远的地方也能买到。对朵恩而言，这样的新闻报道是无价的。

但直到1989年阿拉斯加港湾漏油事件之后，朵恩与清洗和拯救鸟类之间的关联才真正引起公众的关注。有媒体拍到志愿者在水边用朵恩洗洁精轻柔而小心地去除鸭子羽毛上的油污。如果它能有效且安全地清洗鸭子身上的油污，那么朵恩肯定也能去除碗盘上的油污，同时还能保护你的双手。当公司看到媒体报道为品牌带来的巨大成功后，朵恩大胆地将小黄鸭的形象直接印在产品的包装上。

一般来说，广告会影响品牌的公共关系策略。而这次，公共关系推动了朵恩的包装设计和广告方向。将一个取自公共事件的符号印在包装上，作为品牌的整体符号，这是前所未有的。像所有的增长触发点一样，小黄鸭充满了强大的积极联想，这些关于温和、柔软、珍贵、环保、卓越的清洁能力的联想也转移到了朵

---

[1] 朵恩是宝洁公司推出的洗洁精品牌之一。

恩这个品牌上。这个认知捷径传递的信息是，朵恩不仅对最脆弱的生物温和无害，而且还足够强效，能够去除石油这种极具毒性和污染性的物质。朵恩的公关活动成了营销史上最引人注目的活动之一，小黄鸭成了朵恩的吉祥物，也成了与品牌紧紧关联在一起的强大的DBT。35年过去了，即便是不记得阿拉斯加港湾漏油事件的年青一代，依然觉得小黄鸭与品牌具有高度的关联性。小黄鸭的意义已经超越了这个符号的起源。朵恩的吉祥物完美地平衡了洗洁精品牌想要传达给消费者的两个最重要的优势，即温和与有效。小黄鸭甚至比马奇更强大。朵恩大幅提升了市场份额，将棕榄洗洁精远远甩在身后。

独特性被高估了，这就是品牌十有八九会失败的原因。营销人员试图通过一些太过超前的、消费者从未见过的东西来吸引人。但这根本不是人们想要的。人们渴望的是熟悉感，而不是独特性。人们喜欢的是有辨识度的巧妙变化，是那些大脑能够识别并且能轻松记住的东西。人们并不是那么想要全新的创意，他们更想要的是那些能够给自己已有的知识和理解增添价值的创意。通过开发一系列DBA，特别是那些基于强大的认知基石的DBA，你的品牌可以在消费者心中建立稳固的地位。移除这些DBA，对品牌来说是一种不可逆转的价值破坏。当你抹去它们时，你抹去的是人们大脑中建立的记忆。放弃多年来积累的积极联想，不仅会损害品牌的健康，还会损害业务。

事实上，放弃DBA和DBT就像砍掉大树的一部分枝丫或是挖断它的根一样。DBA和DBT在消费者的大脑中有最强大的根系，比任何其他资产都更深入人们的记忆。当你开始砍掉它们时，它们再也不会有机会在人们大脑的记忆中成长。每次对DBA的更改就相当于在缩小你的品牌连接组，使消费者失去积极的联想，因此更难与品牌建立连接。你必须像母亲保护婴儿一样保护你的DBA。你不能对这些DBA掉以轻心，你必须对它们和它们的力量怀有敬意。如果你放弃它们，那就不要为收入下降而感到惊讶。你应当建立一系列DBA，而不是摧毁它们。如果你不理解DBA对大脑的重要性，你的业务就难以拓展。

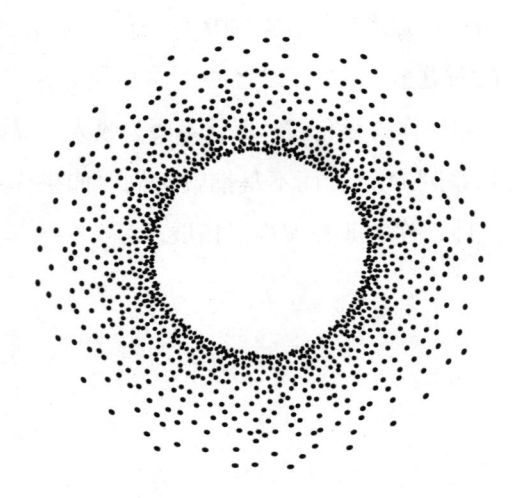

CHAPTER SIX

第六章

在多触点中"反复心动"

让顾客买了又买的法则

单一的品牌信息会抑制增长;多重信息则会激发品牌潜能。

护肤品牌适乐肤诞生于2006年。最初，该品牌只向消费者提供三种产品：保湿面霜、保湿乳液和滋润洁面乳。在接下来的10年里，该品牌的市场份额逐步扩大。2017年，欧莱雅从适乐肤的母公司瓦兰特手中收购了它。随后的4年，适乐肤以惊人的速度崛起，产品扩展到了70多种，席卷了整个市场。到了2021年，适乐肤在美国已经是护手霜和身体乳品类的领导者，年销售额约为2亿美元，超越了包括金邦、妮维雅、丝塔芙、杰根斯、优色林和艾维诺在内的一众知名品牌。在洁面产品上，适乐肤也击败了竞争对手。它的销售额比丝塔芙高出数百万美元，比露得清高出近7000万美元。此外，2021年最畅销的面部保湿霜也来自适乐肤，它超越了曾是面部护肤市场老牌冠军的玉兰油。

　　如果你熟悉这个品牌，你可能会知道适乐肤的产品是与皮肤科医生共同开发的，品牌将这一点很清晰地标注在了产品白蓝色的包装上面。但适乐肤成功的秘诀远不止于此。皮肤科医生的认可会让人联想到产品经过科学的研发过程、严格的测试,并且由专业人士生产。这些积极的印象固然重要,但仅仅依靠这些还不足以让适乐肤从与众多长期占据市场的护肤巨头的竞争中脱颖而出,并且获得丰厚的利润。适乐肤的成功是因为品牌采取的策略——一个大多数营销和广告专家都认为不可取的策略。

  商学院、广告公司和营销培训课程都会告诉人们:传播的内容要凝练成一个强有力的主题,集中传递一个单一的信息。一些营销人士称之为"你的战略核心",或者"你的差异点"。就像沃尔沃意味着安全,泰诺象征着关怀,苹果代表着创意。传统营销的这一原则根植于一个错误的理念,即如果公司同时传达多个信息,这些信息就会彼此稀释。这背后的理由是,人们的大脑一次只能专注于一个想法,但这种观点在品牌与消费者建立联系时并不适用。虽然大脑确实会偏好简单的东西,但要形成直觉上的品牌偏好,大脑需要同时接收多个信息和暗示,而不仅仅是一个。多层次的信息能为大脑提供更多的可供抓取的东西,它们使品牌更具活力和趣味,使品牌信息对大脑而言更具吸引力。这就像是一盘千层面,如果没有意大利乳清干酪、番茄酱、意大利甜香肠和牛肉碎带来的层次感,那么剩下的就只是一张软绵绵的干瘪面饼。

  多样化的主题或理念有助于扩展品牌连接组,从而提高它的显著性。适乐肤刚进入市场时,它给消费者传递的信息完全是围绕皮肤科医生展开的。尽管消费者在健康护理决策上可能会选择信任医生,但一个穿着白大褂、盯着显微镜的人难免会让品牌的形象显得单一和乏味。而如今,如果你再去看适乐肤的包装、广告、网站或社交媒体，你会发现其品牌传递的信息已经有所变化。尽管适乐肤提到了自己的产品被评为"皮肤科医生首推护肤品牌"，其包装依旧呈现出非常医学化的样式，但适尔肤也传递了更多的内容，让多重信息交织在一起。以品牌观看次数最多的线上广告为例，在这部广告中，女性模特光滑的肩部、面部和身体皮肤在干净的白色背景映衬下显得格外突出，这样的模特形象让人联想到高端的化妆品。在广告画面里，保湿霜的罐子里飘散出蓝白交织的波浪状图案，它们在屏幕上飘浮舞动，轻抚着模特的皮肤。

　　观众很快就明白这些波浪图案象征的是保湿霜里的神经酰胺成分。这些分子天然存在于皮肤中，能有效预防湿疹、痤疮和皮肤干燥等问题。消费者能够很清晰地理解，适乐肤在产品中使用了神经酰胺来补充和保护皮肤的自然更新过程，并且没有使用其他有害的化学物质。在这些波浪状的图案轻拂过皮肤之后，广告画面切换到一个演示片段——这些波浪图案和小水滴一起渗入皮肤的横截面，这解释了神经酰胺如何修复皮肤的天然保湿屏障，锁住水分，保护皮肤免受伤害。

　　通过先用特写镜头展示光滑美丽的肌肤，再解释产品在皮肤内部的作用，适乐肤呈现了一个完整的品牌故事，充分吸引了消费者的注意。适乐肤最初以科学依据和医生的背书作为品牌基础，这一点如今仍然存在于其品牌所传递的信息中。但除此之外，现在观众还能够看到一个更全面、更多元化的品牌形象。就像电影《瞬息全宇宙》中的伊夫琳·王从洗衣店老板转变成多重宇宙的英雄，或是灰姑娘变成公主一样，当品牌摆脱了皮肤科医生的白大褂形象后，它变得更有存在感、风格和魅力。在完美融合了美、科学、自然和专业知识之后，适乐肤已经不仅是一个临床医生推荐的品牌了。其原母公司瓦兰特研发了一项先进的合成神经酰胺的技术，神经酰胺是一种存在于皮肤细胞中的脂质，有助于维持健康的皮肤屏障。凭借这一特殊成分，适乐肤能够有效预防湿疹、痤疮和皮肤干燥等问题。而将这一技术故事与人人都渴望的美丽光洁的肌肤联系起来的，则是欧莱雅。当品牌仅仅强调皮肤科医生背书和临床效果时，虽然销售额也会有所增长，但增速相对缓慢。而当品牌围绕多重主题定位时，它便能在消费者心中引起强烈的共鸣，销售额也随之大幅提升。

科学和美对护肤产品和它的消费者来说都至关重要，但实际上，许多品牌遵循着单一信息的旧规则，在营销中侧重一方面而忽略另一方面。一些品牌在宣传中过度强调产品的美容效果，却几乎不提供任何关于产品功效或功能的科学依据。另一些品牌则专注于产品的技术和成分，而忽视了美学表达。而适乐肤则巧妙地将这两者完美地结合起来，还融入了一系列其他积极联想。这些联想在消费者的脑海中迅速生根发芽，迅速扩展了适乐肤的品牌连接组。

传统的营销观念会认为，在"皮肤科医生首推护肤品牌"这一主题之外叠加的其他主题都是多余、不必要的，甚至是对品牌有害的。许多市场营销和广告领域的领导者反对这种融合多种信息的营销方法，他们会质疑一个广告里如何能塞进保湿、先进科技、天然、健康和美丽这五个不同的主题。但是，像许多旧的营销规则一样，他们的想法是片面的。只需要随便看一则适乐肤的广告，你就会发现，这五个主题在广告中和谐地融合在了一起。只要将所有信息巧妙地联系在一起，它们不仅不会相互冲突，反而会协同作用，共同讲述一个多维度且统一的品牌故事。

对适乐肤来说，在所有的广告中使用一个连续的视觉图像触发器——蓝白交织的波浪状图案——也非常有利于传播。这个视觉形象同时传达了多个概念：光滑的肌肤、保湿和神经酰胺。整个广告就像一个包装精美的礼物，而蓝白交织的波浪图案就像一条不断起伏的缎带，将各个主题联系在一起，打出一个完美的蝴蝶结。这个将所有主题完美结合在一起的"蝴蝶结"是至关重要的。品牌需要让不同主题的联想相互补充、相辅相成，共同创造一个整体、连贯的品牌形象，而不是随意堆砌一堆不相关或相互矛盾的联想。只要你的方法得当，层次分明的信息有助于构建一个包罗万象的品牌世界，从而壮大你的品牌连接组，让它在目标消费者的大脑中占据一席之地。

2021年，适乐肤不仅在护肤品品类中名列前茅，当年的销售额还达到了10亿美元。2017年，欧莱雅收购适乐肤后，立即开始为其注入符合欧莱雅集团美妆和时尚风格的宣传信息。这些宣传信息与欧莱雅旗下的兰蔻、卡尼尔、植村秀、阿玛尼和圣罗兰等旗舰品牌保持一致。欧莱雅管理着一系列高端品牌和设计师品牌，深知如何打造令人向往的品牌形象，而这正是其为适乐肤赋能的精髓。

欧莱雅收购适乐肤时，后者已经是美国护肤品类中快速增长的品牌。欧莱雅同时还收购了另外两个护肤品牌（AcneFree和

Ambi），它们当时的总收入约为1.7亿美元。在不到4年的时间内，欧莱雅将适乐肤变成了一个年销售额达10亿美元的品牌，这绝非易事。大多数人会将适乐肤的成功归功于欧莱雅的营销支持和庞大的分销网络，认为这些支持使这个原本只在美国本土销售的品牌走向了全球市场。但实际上，到2022年，适乐肤在美国本土的销售额同比增长超过40%。在TikTok上拥有超过600万年轻粉丝的网红海勒姆·亚布罗，也对适乐肤的销售增长起到了巨大的推动作用。

欧莱雅的分销渠道优势和广泛的社交媒体曝光无疑在适乐肤的增长中发挥了重要作用，但这些因素并不是推动其成功的唯一因素。大公司经常收购小公司，前者通常都会提供更多资金和分销渠道，但鲜有品牌能像适乐肤一样取得如此非凡的成绩。虽然社交媒体达人可以成为品牌增长的主要驱动力，但他们很少能完全将一个品牌一举推向其品类的顶端。对适乐肤来说，从瓦兰特来到欧莱雅之后最大的变化是，欧莱雅对美的专业理解、对市场趋势的敏锐感知，以及对消费者需求的理解能力，为品牌增添了之前没有的信息层次，创造出了一个不可阻挡的全面的品牌故事。

2017—2021年，适乐肤在美国市场的销售额年复一年的快速增长，得益于品牌在消费心中植入的多层次的联想，这些联想包括保湿、科学、天然、健康和美丽。这样多元的主题对品牌来说绝不仅仅是锦上添花，这是至关重要的品牌策略。尽管这违背了传统的基于意识心理的营销规则，但多层次的信息的确能够提升品牌的心理可得性，壮大品牌连接组。这些与品牌有关的积极联想就像许多汇聚在一起的辐条，共同构成了一个稳固的车轮，如果车轮只有一根辐条，那它永远也无法驶离车库。

单点聚焦如何扼杀可能性

广告界的领袖杰克·特劳特和艾·里斯在他们的开创性著作《定位：争夺用户心智的战争》中推崇和支持的观点是：只传递一条关于你品牌的有效信息。这本书首次出版于1981年，作者将"定位"描述为利用人们心中已有的东西，而非通过创造任何"新颖和不同"的东西建立品牌的过程。特劳特和里斯在行为经济学和神经科学尚未在营销领域得到广泛应用之前，就已经非常正确地理解了这一点。然而，他们的定位理论在解释品牌如何真正与消费者的心智建立联系方面还有一些不足。

他们在书中指出，每个品牌应只传达一个简单概念的理念。他们认为："在这个信息过载的社会中，最好的营销方法就是传达简化的信息。"因此，米勒啤酒只需要坚持营销自己是淡啤酒（突出其低热量和清爽的特点），七喜则要宣传自己是非可乐饮料（强调其与传统可乐的不同和独特的清新口感），而安飞士租车公司则应该强调它在市场上排名第二，因此会更加努力地提供优质的服务。品牌通过传递一个清晰、简洁的信息，在消费者心中占据一个明确的位置——这就是作者们说的品牌要"填补消费者心智中的一个空白"。但仅仅填补一个空白是不够的。相反，你必须在你的品牌和人们心中已有的记忆之间创建一个完整且高效的神经网络，从而壮大你的品牌连接组。

与特劳特和里斯的观点相反，本书认为聚焦于单一信息对建立品牌没有好处。事实上，将品牌传达的信息简化为一个单一信息会导致品牌及其连接组的萎缩。一个只有单一信息的连接组在大脑中占据的神经通路很少。相比于拥有广阔的根系和庞大的树冠的巨大的提玛玛·马里马努榕树，由单一信息构成的品牌连接组就像是一根小树枝，这样的连接组在大脑中占据的空间非常有限。请记住，就像游戏《大富翁》中的赢家通常占有最多的房产一样，最有效的连接组会留下最多的物理印记。只与单一信息或一个积极联想进行关联的品牌，类似于你在《大富翁》里只在一个街区里拥有一处房产。而如果你的品牌传达多个信息，创造了许多积极联想，那就类似于你在整座城市中拥有许多房产。因为丰富的积极联想会在大脑中形成更显著和更有韧性的神经网络，消费者会本能地选择那个与多种主题相关、拥有最多积极联想的品牌。也就是说，品牌传递的信息越多元越好。

在美国，沃尔沃长期以来以其车辆的安全性闻名。这一声誉部分归功于其方正的旅行车设计，也得益于他们在汽车安全功能方面取得的诸多创新成果。例如，1959年沃尔沃工程师尼尔斯·博林设计的三点式安全带、后向儿童座椅等。20世纪70年代初以来，沃尔沃还组建了一支专门研究汽车事故的团队，负责分析涉及沃尔沃车辆的交通事故，研究事故发生的原因，并提取有价值的数据，不断改进车辆的安全性能。

沃尔沃旅行车曾因其安全性和宽敞的设计而深受郊区家庭的

喜爱。但是安全和宽敞这两个联想还不足以让品牌跟上消费者的口味变化，尤其是在掀背车和 SUV（运动型多用途车）日益流行的趋势下，这些车型成了现代家庭旅行车的替代品。因此，沃尔沃及时放弃了方正的车身设计，但保留了与安全性相关的积极联想，同时在其营销中引入了其他关键信息，比如先进技术、舒适性、创新性、经济性和豪华感等。2021 年，《纽约时报》甚至刊登了一篇文章，称沃尔沃现在凭借"时尚的新外观"赢得了消费者的青睐——这个评价在 20 世纪 90 年代的沃尔沃 900 系列中是不会出现的。沃尔沃认识到，要想发展，仅仅强调安全性是不够的。虽然将安全性作为品牌定位的核心对维护品牌原有身份是必要的，但通过在安全性的基础上为品牌添加一层层新的信息，沃尔沃在潜在购车者心中的辨识度得到了提升。

大脑渴望刺激。当接收到多个积极联想时，大脑就会被这些联想构建的故事所吸引。通过接收多重联想，大脑可以保持专注和警觉，不会感到无聊或失去兴趣。单一信息传递会导致低脑利用率。简单来说，如果你只专注于传递一个信息，比如"品牌使命"或者是"健康优势"，那么你的品牌只会与消费者大脑中的一个特定部分建立联系。而多重信息则类似于多维度的提示，能够刺激大脑的多个区域。大脑利用率越高，或者说大脑中与信息建立联系的部分越多，大脑就会越投入。通过为大脑提供多种信息，更多的积极联想就会进入消费者的神经通路中。

这一原则在大学招生时表现得尤为明显。史蒂文是一位几乎完全符合录取标准的申请者，他和他的父母都坚信他一定会被耶鲁大学录取。史蒂文是班里的尖子生、校报的主编和足球明星。他有出色的 SAT[1] 成绩，而且周末还在当地医院做志愿者。但史蒂文并没有被耶鲁大学录取。事实上，他没有被任何一所常春藤大学录取。然而，同年级的另一位成绩较低且被认为资质不如史蒂文的学生尼古拉斯，现在却住在耶鲁大学的老校园里，为斗牛犬队加油。这是怎么回事呢？

答案很简单。史蒂文在申请大学时采取了基于意识心理的方法来介绍自己。他描述了自己对软件开发的热情和这件事对社会的益处，同时展示了他最以为傲的学业成绩。他是一个理想候选人的理由已经罗列得再清楚不过了。而尼古拉斯的申请书里展现了自己对历史的浓厚热情，而这也是他与祖母共同的爱好。尼古拉斯在申请书中编织了一幅层次感丰富的画卷，生动地展现了自己。在一段引人入胜的故事中，尼古拉斯讲述了他与祖母的特殊感情，以及他的第一次出国旅行的经历。他将招生官带到了欧洲宏伟的历史遗址中，在那些伟人的足迹中漫步。神圣的大厅回荡着伟人的声音，他们仿佛重现于世，为这位年轻人提供了启示和建议。尼古拉斯在文章结尾写到了他与祖母的一次视频通话。在这次通话中，经过这段旅行的洗礼，他对未来要往哪里走更坚定了。

为什么尼古拉斯被录取了？与史蒂文的申请书相比，尼古拉斯是在完全不同的层面——直觉层面——上写作的。他没有单纯地陈述事实，而是专注于生动地展示自己。他没有展示自己过去

---

[1] 美国广泛用于大学入学的标准化考试。

的成绩,而是专注于展示自己对未来的思考。他没有宣称自己充满激情,而是通过故事来证明这一点。在一篇融合了历史小说和奇幻元素的650字文章中,尼古拉斯巧妙地打动了招生官的心,从多个角度引起了共鸣。毕竟,招生官的决策方式和普通人没什么不同。他们在每周的招生委员会会议上讨论候选人时,尼古拉斯展现出的是一个鲜活生动的人物形象——他拥有热情、理想、个性和幽默感。而史蒂文展示的则只是一个单一维度的数字列表,缺乏生命力。与人们普遍的看法相反的是,只要你的条件符合基本要求,是否被录取并不由那些量化指标决定。真正的关键在于你能否迅速构建出一个层次丰富、维度多元的个人品牌连接组。

"使命"的诱惑

2010年,联合利华在首席执行官保罗·波尔曼的领导下,通过"联合利华可持续生活计划"开启了新的"使命品牌"战略。波尔曼决心制定一项以可持续发展为核心的长期战略,以推动这家跨国日用消费品公司的发展。然而,随着时间的推移,这种对品牌使命的片面强调给公司带来了负面的影响。截至2023年,公司的利润已经连续5年下降,联合利华的股价在2022—2023年间下跌了近18%。不出所料,投资者对此感到不满。

联合利华的第15大股东、方德史密斯股票基金的创始人兼经理特里·史密斯,公开批评了联合利华的使命导向战略。他强调,联合利华产品的实用性比其品牌背后的使命更重要。他举例说:

"在我们看来，一个公司如果觉得必须为亨氏蛋黄酱赋予一个使命，那它很显然已经偏离了正轨。"他还质疑了公司旗下力士牌香皂的宣传，这些宣传尝试"激励女性超越日常性别偏见，无所畏惧地表达她们的美丽和女性气质"。史密斯声称，据他所知，香皂就是用于清洗的。

尽管史密斯的言论听起来可能有些轻率，但他并不是唯一意识到过度强调使命可能会损害品牌的人。联合利华的传播与企业事务主管保罗·马修斯公开承认，联合利华"或许有些过火……单纯谈论品牌使命，而忽视了品牌成长和成功所需的其他一切因素"。公司对使命的过度关注掩盖了所有其他的信息，导致一些消费者和投资者不清楚品牌的定位，从而严重影响了公司的财务表现。在认识到只关注品牌使命的弊端后，马修斯表达了他的感悟："你需要伟大的创新，你需要合适的定价，你需要确保产品的可用性。"公司从这件事中学到了一条重要的教训。品牌的使命及其拥抱的价值观确实很重要，在如今环境、社会和治理[1]成为商业实践核心的时代更是如此。但它们只是品牌的一部分，而不是主要驱动力，不应在战略中占据主要位置。

联合利华并不是唯一犯过这个错误的公司。大约从 2009 年开始，许多品牌决定将使命置于首要位置。虽然我们很难确定导致许多公司发生这种转变的确切原因，但那一年确实有一个特别有影响力的声音引领了这一趋势，并得到了许多人的认同。那

---

[1] 环境、社会和治理是一套用于衡量某个组织的环境和社会影响的标准。

一年，作家兼励志演讲家西蒙·西内克发表了他现已广为人知的TED演讲《从"为什么"开始：乔布斯让Apple红遍世界的黄金圈法则》，并出版了同名图书。在这场至今已被观看了近6200万次的演讲中，西内克提倡一种新的商业理念。他认为企业应该颠覆传统的思考框架，即卖什么（what）、如何卖（how）、为何卖（why），而是应该优先思考企业为什么要做这些产品。

《财富》500强公司完全接受了这个理念。这些公司的领导者花费了数十万美元来定义自己的品牌使命，并在营销的支持下投入数百万美元对此进行宣传。市场调研公司开始追踪消费者对品牌使命的关注程度，以及公司在可持续发展、多样性等环境、社会和治理方面的表现。正如预期的那样，千禧一代和Z世代对品牌使命的关注高于其他群体，这让那些急于吸引年轻消费者的公司有更充足的理由去强调品牌使命。在之后的10年里，这一趋势持续发展，疫情的大流行又进一步加强了这个趋势。疫情过后，消费者似乎更加关注社会问题，包括公平、包容性、环境保护等问题。2019—2021年，希望要品牌反映其价值观的消费者比例上升了6个百分点。

但这里有一个问题。你现在应该知道，消费者说自己想要的和他们最终选择的通常并不一致，因为他们的行为主要受到无意识心理的支配。虽然65%的消费者声称他们想要由使命驱动的品牌，但实际上只有26%的人真的会购买这些品牌。这是因为还有许多其他因素驱动人们的选择。相比于使命驱动因素，这些业务驱动因素包括消费者利益、深厚的专业知识、先进的技术、文化相关性和品牌形象，等等。没有这些驱动因素，品牌就会陷入单一维度的信息传递,而无法提升整体的品牌显著性。

这并不是说使命不能或不应该成为品牌传递的多层次信息中的一个。关键在于你需要正确地平衡使命和其他信息——传递适量的品牌使命信息能够促进品牌的增长,但它的作用可能没有你想象中那么大。一些以使命为中心的品牌将高达90%的传播内容用于展示使命驱动因素,比如社会事业、慈善捐款或可持续发展等,而只留10%的内容来展示业务驱动因素。这样的权重分配是本末倒置的。实际上,他们应该只用10%的信息传播品牌使命——这应该是一道配菜,而不是主菜。此外,宣称品牌在做好事并不等于品牌在做好事的同时能够为客户提供服务。

传播品牌的使命已经是营销的新趋势,营销行业的从业者蜂拥而至,纷纷追捧。但实际上,几乎没有证据表明这样做对提升业绩有任何帮助。由于企业对那些真正能促进消费者购买和业绩增长的因素知之甚少,这样的营销浪潮每隔10年左右就会出现一次——无论是通过情感连接、进一步细分市场,还是利用人们对品牌的热爱——并且被视为企业通向成功的不二法门,但这些浪潮都是短暂的。虽然从表面上看,关注品牌的使命似乎很高尚,但如果你品牌的增长停滞、业务下滑,你实际上并没有真正地帮助到任何人。

多触点形成认知联想

正如之前提到的,只有当你的品牌与人们日常生活中的多个触点相连接时,品牌显著性才会逐渐提升。这不仅适用于广告营销，也适用于求职，或是向潜在客户推销你的产品或服务。但想要触及多个触点，你就必须传递多层次的信息。通过多种品牌联想的彼此协同，你可以在人们的大脑中建立更多的神经通路，提高品牌的显著性，从而更有效地影响人们的直觉决策。

切忌关注多个彼此不相关或是相互矛盾的信息。建立一个平衡的品牌连接组需要你在建立多样化驱动因素时深思熟虑，确保它们可以共同讲述一个连贯的品牌故事，并在消费者心中塑造一个卓越的品牌形象。尽管如此，品牌仍需要一个整体形象，而其下包含多个驱动因素和支撑基础，这才是品牌层次构建的精髓所在。

一家著名且历史悠久的运动鞋品牌在市场份额流失超过20年后，终于认识到了品牌层次的力量。它曾经是运动鞋类的领导者，但其市场份额在20年间从巅峰的50%逐渐下降到25%。顶级广告公司纷纷尝试挽救这一局面，但没有一家能带来实质性的改变。首席营销官终于忍无可忍，他看着自己脚上穿着的品牌最新款运动鞋，拿起电话，联系了他在顶级管理咨询公司工作的商学院好友。经过两年的努力并投入了1000万美元后，这群顾问告诉他，扭转业务的关键在于改变品牌的定位，即品牌要向消费者传递一个单一信息——"突破自我"。

这似乎是一个合理的解决方案。毕竟，作为一个运动品牌，"突破自我"这个价值观至关重要。于是公司带着新战略进入市场，聘请了一位名人篮球运动员，花费了数百万美元制作数字和电视广告，又多花了数百万美元来投放这些广告。但不幸的是，这些并未能推动增长。单靠"突破自我"这一点，公司无法走出困境。感到极度失望的首席营销官决定尝试一种非常规方法——抛开市场数据或表面现象，挖掘驱动品牌增长的深层因素。令他惊讶的是，研究结果显示，品牌吸引潜在消费者，尤其是公司所缺少的千禧一代消费者的关键在于呈现多个主题，比如先进的制鞋技术、时尚的风格、公司作为跑步和慢跑运动早期先锋的历史，以及追求自我突破的价值观。只有将这四个驱动因素结合在一起，才能实现增长目标，而任何单一主题都无法单独发挥作用。

在掌握了吸引千禧一代的增长公式后，公司基于新的战略推出了一套360度全方位的营销活动——奇迹发生了。公司营收在几周内从下滑变为两位数的增长。当市场结果出来时，公司的首席营销官惊讶地说道："真是可笑，这些年来我们分别尝试过每一个主题，却从未将它们结合起来。"市场结果如此惊人，简直像是被施了某种魔法。但这其实不是魔法，而是科学。品牌在人们心目中的形象发生了巨大转变，从一个由单一因素驱动、仅能触发少量联想的品牌，转变为由多重因素驱动、能激发许多联想的品牌。多重主题极大地提升了品牌显著性，使其在经历了数十年的衰落后又迎来了新的增长。

这种多样性不仅使品牌有了更丰富的内涵，还使品牌有了更深刻的意义。多重驱动因素之所以带来了更高的转化率，是因为人们对品牌了解得越多，人们的大脑与其建立的联系就越多。例如，如果你知道关于品牌创始人的故事，即所谓的品牌故事，那你就会比不了解这个故事的消费者对品牌更加忠诚。然而，很多公司经常会无视品牌的过去和历史价值，他们认为那些东西已经过时，会让品牌显得陈旧。但当创始人的故事作为信息传递中的一个维度，并且得到其他维度的信息支撑时，它就能产生奇妙的效果。这不仅在运动鞋品牌的转变中得到了验证，在许多其他品牌中也得到了说明。而且，你会发现，这段历史不一定需要追溯到很久以前，即便是相对较近的历史，也可以用来讲述品牌的故事。

以加利福尼亚州的乔希酒庄葡萄酒为例，该品牌由约瑟夫·卡尔于2007年创立。他是品酒师、酿酒师，也是前葡萄酒公司高管。直到2009年，他都开着自己的卡车亲自销售自家的箱装葡萄酒。早在数百年前，加利福尼亚州就已经建立了第一家葡萄酒庄，作为一名加利福尼亚州的酿酒师，他要在这个拥有数百年历史的葡萄酒市场中闯出一片天地。卡尔有自己的品牌故事。他决定以父亲的名字命名酒庄，借助他的故事建立自己的品牌。尽管卡尔的葡萄酒品牌是新的，但他在品牌中融入了勤奋、细致和热情等信息，他解释这些品质是从他父亲那里继承下来的。他在营销中讲述创始人的故事，主要围绕其父乔希·卡尔作为工匠和家庭支柱的经历展开，在展示品牌历史时间线时，他甚至从乔希·卡尔的出生开始。品牌突出了他在军队服役的时光、他的婚姻生活，以及他在纽约上州柏林的家乡担任伐木工人和志愿消防员的经历。

现在记住，他谈论的是酿酒师的父亲，甚至不是酿酒师本人。不可否认，这一切都与卡尔酿造的葡萄酒无关，但品牌利用了与家庭、坚持不懈，甚至美国梦相关的联想。尽管一些鉴赏家可能会对该品牌嗤之以鼻，但葡萄酒市场却有着完全不同的反应。2018—2023年，约瑟夫·卡尔的公司实现了两位数的同比增幅。

2014年，公司只卖出了30万箱葡萄酒。到2018年，这个数字超过了200万箱。到了2023年，公司一年就卖了500万箱。现在，它是美国高端葡萄酒品类中的头号品牌，它的历史和创始人的故事都充满了传奇色彩。

品牌仅仅停留在历史中是不够的。如果你的品牌只包含单一信息，它可能会在消费者的大脑中被埋没，成为一条孤立的小路，偏离主路，与大脑中的重要关联和记忆相隔绝。而将多个信息叠加在这个理念上，就可以为大脑提供一个充满积极联想的强大生态系统。你可以将每个关键信息想象成一个齿轮。例如，第一个齿轮：你的品牌为消费者带来了什么好处？第二个齿轮：你的产品或服务如何让消费者切身体验到这些好处？第三个齿轮：你的品牌在哪些方面取得了突破或创新？当这些齿轮互相连接并同时运转时，它们就能驱动品牌增长的引擎。这些齿轮需要紧密配合，否则你将无法前进。而当它们完美契合时，这个引擎就能为你的品牌未来多年的增长提供动力。

多重信息编织故事网

多重信息共同构建了一个引人入胜的故事，让消费者几乎变成其中一个角色，成了故事和品牌的一部分。但如今大多数广告公司并不会这样做，如果你主张在传播品牌的过程中传递多重信息，那你就要做好迎接反对意见的准备。许多人会说，将所有这些信息放入一个创意中是不可能的，因此，他们总是不断地将信息切得更碎。如果你告诉广告公司，研究显示你的品牌有三个业务驱动因素，那么广告公司会采取传统方法，将这三个驱动因素分割开来，分别投放在不同的媒体上。

比如，他们可能会在电视广告中宣传产品对消费者的好处，在数字广告中解释自己的产品为什么有这些优势，同时在网站上阐述品牌的使命。但这是行不通的。我们的大脑无法将来源不同的信息拼凑成一个关于品牌的连贯而清晰易懂的故事。一个知名的谷物品牌多年来一直在努力寻找品牌的最佳定位。它传递的信息摇摆不定，时而强调好吃，时而关注健康，时而注重纯天然，如此循环往复。然而，这些努力和尝试都没有成效。只有当品牌将这三个品质——好吃、健康和纯天然——结合到一个营销创意中后，品牌才终于开始再次增长。

你传递的信息所包含的每个主题或层面，都应该成为你品牌实现增长的潜在驱动因素。既然如此，每个主题都很重要。在考虑应该重点关注哪些方面时，你可以先选择三到四个主题作为开始。可以想象一下，你拥有一家小型家具店，店里出售方圆80千米内的匠人制作的手工家具。传统的营销模式会告诉你，你在宣传品牌时只需要强调本地匠人制作这一点，但消费者可能还想要知道，这些家具很时尚，可以让他们的家更别致、吸引人。这样，你就得到了多个驱动消费者选择的信息主题——仅仅宣传本地匠人制作可无法实现这一点。又比如，如果你经营着一家咖啡店，那么你可以强调店里所有的咖啡豆都经由公平贸易认证，咖啡由专业的咖啡师在舒适的环境中制作，你还可以强调你在支持社区的足球和棒球队。这样,你就传达了咖啡的品质、品牌的使命,以及它对社区的贡献三重信息。请注意,这些信息不但没有互相矛盾,而且每个信息都与其他信息相辅相成,共同助力品牌连接组的成长。

一旦你选择了要传达的信息,就要让它们发挥作用。不要忘记你的品牌的增长触发点。如果你有一些合适的品牌线索或DBA,那么你完全可以在几秒钟内传达出这些信息,而不需要一个60秒的广告来告诉消费者你的产品是多么新鲜、天然和饱满。人们的大脑会根据你的提示和线索自行补全信息。在这种情境下,品类和品牌的增长触发点都是有效的工具。虽然在特定的品类中,任何品牌都有机会使用某种增长触发点来促进其增长,但正如前面讨论过的,你会希望你的品牌能够独占这个增长触发点,使它成为你的DBA。例如,适乐肤广告中的波浪图案可以被任何护肤品牌用来象征光滑的皮肤。但通过将它们渲染成蓝白相间的颜色(适乐肤的主色调),让它们从适乐肤面霜的罐子中散发出来,并将它们与神经酰胺技术和光滑的皮肤联系起来,适乐肤现在实际上已经独占了这些波浪图案。在广告里,当这些波浪图案在干净、光滑的皮肤上流动和起伏时,人们的大脑会自动联想到水分、健康。就像广告中演示的产品有效地渗入皮肤一样,品牌传递的信息也会进入消费者的记忆中。

请让我再次强调,成功营销的关键是让你的观众的大脑沉浸在你的品牌故事中。智游网旗下的维尔博(Vrbo)是一个很好的例子,维尔博是指"房东直租度假屋"(vacation rentals by owner），它在世界各地的旅游胜地提供度假屋。但维尔博将"房东直租度假屋"这个信息与家庭、朋友、度假和远离尘嚣这样的联想结合在一起，并在此基础上创造出人人都想要拥有的完美假期。你将置身于品牌故事的中心，你会沉浸其中，想象自己置身于美丽的景色中，周围是你爱的人，你们毫无忧虑地享受彼此的陪伴。维尔博还强调，它与爱彼迎或酒店不同。当你选择维尔博时，你租到的是一个"完整的度假屋"，这里只有你和你的家人朋友，没有陌生人在周围。

如果品牌只专注于传达这些信息中的某一个，消费者的大脑就不会生成一个完整的故事。家人和朋友聚在一起当然很好，但如果是在闹市区一间没有便利设施的闷热的一居室里，那就没有人会对此感兴趣。这就是为什么维尔博要使用三个关键主题，使自己成为消费者的直觉选择：美丽环境中的漂亮房屋、与家人和朋友团聚，以及一个完全属于自己的地方。此外，维尔博为我们提供了一个很好的例子，展示了如何通过多种媒介或感官来传达多个信息。在他们的广告中，没有任何对话或文字提及房屋所在的美丽地点，这一切都是通过画面展示的。图像向观众传达了大部分的信息，因而无须使用过多的文字。

在建立个人品牌时，多层信息的原则也同样适用。如果你只传达一个关于自己的"信息"，你的形象可能会显得乏味。这就像一个在所有聚会中总讲同一个故事的人，时间久了，大家很容易对这个人失去兴趣，他们的大脑也会"下线"。这也是为什么求职时，你不仅要在简历上列出你的技能如何符合职位的要求，

第六章 在多触点中"反复心动"

还要包含一些显示你成就的数据、教育背景、志愿者工作经历和个人爱好的其他细节。雇主希望雇用的是一个全面发展的人,他们不仅知道如何完成工作,还能为团队带来整体的积极影响。

在求职时,分层传递多重信息尤其重要。你可以将你的优势、技能和成就视为你的品牌专业知识,而你能如何帮助到公司则是你能带来的价值,你对公司业务的理解和热情则可以被视为你的价值观,比如乐于团队合作和遵守职业道德。你还需要一个背景故事——一个关于你如何一步步成为今天的自己的独特故事。虽然这个故事在不同的面试中大体不变,但绝对需要根据你申请的每个职位调整。正如品牌需要与消费者记忆中储存的信息相匹配才能成为他们的首选一样,候选人的各个方面也必须与招聘经理或人事主管心目中的理想员工相匹配。只有这样,你才能获得工作机会。同样,正如品牌不能简单地告诉人们自己是关心他人、聪明和幽默的,你也不能仅仅宣称自己有这些品质。你需要通过分享故事来传达自己具有这些特质,让面试官自己得出关于这些特质的结论。

有趣的是,在求职过程中,雇主非常重视求职者的个性,而不是外貌或教育背景。研究表明,70%的雇主将求职者的个性列为招聘时考虑的因素前三,而只有7%的雇主考虑外貌,18%的雇主考虑教育背景。这并不令人意外,因为我们的大脑依赖直觉行事,因此无形的个性因素在面试过程中起着巨大的作用。毕竟,面试官也是人,他们的大脑运作方式和任何人在选择产品时的大脑运作方式是相似的。

面试过程中,当候选人与雇主心中的理想候选人匹配时,他们会认为他们对求职者的直觉感受就是求职者的"个性"。在这种情况下,"个性"是一个笼统的词。雇主是真的在评判你的个性吗？其实并不然。如果他们喜欢你的"个性",这实际上意味着,根据你传达的信息,你和雇主的连接组相匹配。请记住,你是一个品牌,所有的信息暗示共同构建了你的品牌连接组。它们共同创造了一系列隐性关联,提升了你的品牌形象,使你的面试官本能地与你建立联系,将你的候选身份从"不予考虑"转向"优先考虑"。

对一个一直以来依赖单一信息建立品牌形象的行业来说,这种多信息传达的理念听起来完全是异端邪说。如果你与任何遵循传统营销理念或使用基于意识心理的营销规则的人交谈,他们可能会提出各种反对意见——你无法在一个广告中传达多个信息（这是不对的）；大脑无法同时处理多个信息（事实恰恰相反——大脑面对多元信息时表现得更好）；你的方法没有重点且缺乏逻辑（多信息传达完全可以有重点,并且能为你带来优势）。

但退一步想想,没有同心球层的地球会是什么样子？没有复杂性的文化会是什么样子？没有角色、主情节、次情节和张力的故事会是什么样子？如果我们都一样,那么这个世界会是什么样子？人类是多面的,所以向他们传达的信息也应该是多面的。从某种意义上说,道理就是这么简单。在多个层面与人们建立联系,本质上是与真实的人建立联系,用你的品牌连接组点亮他们的大脑。想要你的品牌在消费者心智中快速成长,你必须尽可能多地占据人们大脑的神经通路,与人们大脑中已有的积极联想进行关联,同时创造新的关联,而这无法通过仅仅传达单一信息达成。

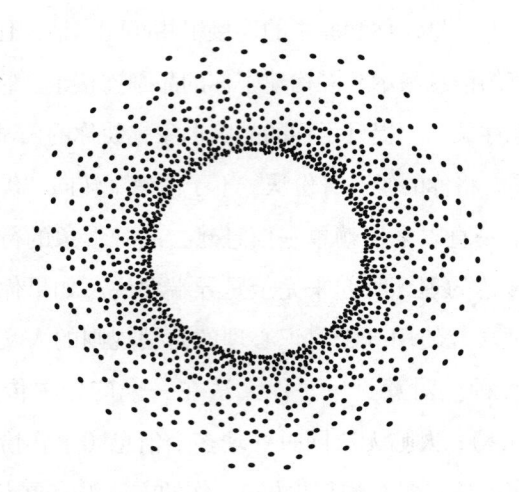

CHAPTER SEVEN

第七章

为"想象中的自己"买单

让顾客买了又买的法则

人们总是说他们想要真实的东西,但直觉每次都会让他们选择幻想。

请想象一顿美妙的感恩节晚餐。你可能会回忆起火鸡刚从烤箱里拿出来的那一刻，香气扑鼻，几乎让人陶醉。火鸡被放在一个盘子里，端上餐桌，餐桌四周坐着亲朋好友，大家都在假期回到家中，欣赏那只金黄酥脆、被完美烹饪的火鸡，每个人都对这只火鸡赞不绝口。环顾四周，看着你所爱的人脸上洋溢着笑容，你感受到家庭的温暖，心中洋溢着感激之情。这一幕深深地烙印在你的记忆中。当你想象一顿美妙的感恩节晚餐时，你大概不会想到那只被剁得乱七八糟、吃了一半的火鸡残骸。它被留在外面太久，以至于油脂已经凝固，引得你的狗在旁边徘徊。你也不会记得，当你叔叔又一次开玩笑说你母亲烤的玉米面包太干时爆发的争执。这是因为你的大脑会以理想化的形式储存记忆，而不管实际上发生了什么。

那些不那么美好的回忆是人们不愿面对的丑陋而混乱的真相，许多广告商误以为消费者想要的是真相，他们大错特错。人们渴望的是幻想。这就是为什么你的大脑会储存火鸡刚从烤箱里拿出来时场景,以及与亲人共处时的喜悦,而不是之后你的狗啃食剩菜的场景,或是你母亲大发雷霆的画面。我们最渴望的幻想和内心深处的欲望都来自我们的无意识心理,那里储存着我们的记忆。品牌的成功并不是通过对现实进行戏剧化修饰实现的,而是通过将你的品牌与人们的幻想匹配起来实现的。通过利用人们大脑中的积极联想和产生美好幻想的神经通路,你的品牌可以与人们的幻想建立联系。这些幻想或许包括幸福和健康的生活,晚年时在豪华游艇上享受人生,成为人见人爱的社交明星,或者是在篮球比赛中技压群雄。

所有行业都建立在幻想之上。以香水行业为例,最好的例子莫过于20世纪70年代露华浓的夏莉香水广告,从许多方面来看,夏莉都是第一款描绘出令人向往的现代生活方式的香水。1973年,夏莉香水在推出的第一年便创下了1000万美元的销售额,成为当时最成功的香水产品。广告中,女演员谢利·哈克扮演的夏莉是一位时尚、独立、散发着自信魅力的女性。在一个广告中,她开着白色的劳斯莱斯来到一家高档餐厅,喷上香水,然后穿着与车的颜色相得益彰的金色连体裤优雅地跳下车。她飘然经过酒吧,博比·肖特唱道:"有点年轻,有点现代……有点自由,有点惊艳。"她与约会对象共舞,最后在一个优雅的私人包厢里甩动头发,潇洒地坐下。在另一个广告中,她乘船参加一艘豪华游艇上举办的派对,这次她穿着黑色亮片外套和黑色长裤,进入另一个热闹的餐厅,她吸引了所有人的目光,此时梅尔·托尔梅正在慵懒地演唱夏莉广告曲。她在颈部喷上香水，然后穿过人群，成为派对的焦点。

在那个时代，这些广告描绘了许多20世纪70年代女性向往的景象：将华丽与魅力、独立与力量完美融合，让新一代女性感受到力量、性感和优雅。夏莉被宣传为"最具原创性的香水"，多年稳居销量榜首。它还在香水销售模式的变革中发挥了关键作用，在1973年夏莉香水推出之前，香水的销售大多集中在节日前后，通常是由男性购买，作为礼物送给伴侣。然而，随着夏莉香水的问世，露华浓直接将这份美好幻想售卖给了女性，不分季节地吸引她们购买。如今，有些人可能会觉得这些广告有些老套或俗气，但那个自信地穿过房间的夏莉，以及平面广告中她自信迈步的画面，已经成为"女性解放"的代名词。

另一个显然建立在幻想之上的行业是汽车行业。看看梅赛德斯-奔驰的广告就明白了。2013年奔驰CLA车型的广告充满了对幻想的描绘，尤其是男性的幻想。广告中，撒旦（由外表邪魅的威廉·达福精湛演绎）引诱一位年轻的潜在买家，让他为了全新的CLA出卖自己的灵魂。撒旦向他展示了他购买CLA之后的情景：与美国歌手亚瑟小子彻夜狂欢，携手模特凯特·厄普顿走红毯，他还将登上杂志封面，一群女粉丝像追逐摇滚明星一样在街头狂热追赶他。没有什么比这更能完美地呈现男性对跑车的终极幻想了。

观众是否真的相信这辆跑车能够帮他们实现这些梦想并不重要，从梅赛德斯-奔驰将这些让人难以忘怀的联想植入观众的心智中那一刻起，这辆车就与这些幻想永远联系在一起了。更妙的是，在广告的结尾，这名男子意识到，他不需要出卖灵魂也能拥有这一切——原来 CLA 的价格相当合理。在这一刻，幻想变得触手可及。梅赛德斯-奔驰的广告与夏莉香水都强调了华丽、魅力和独立，这种幻想经过更新和包装，更加符合现代观众的口味了。

当然，类似的幻想也发生在服装行业。我们的穿着会告诉人们我们是谁，至少是我们希望别人认为我们是谁。最成功的品牌深谙这一点。例如，今天最有价值的时尚品牌包括路易威登（价值 323 亿美元）、爱马仕（价值 183 亿美元）和古驰（价值 182 亿美元）。与香水和跑车类似，每个品牌都在观众的脑海中构建出一种特定类型的幻想，成为品牌故事的一部分。古驰既多样化又高端，既满足人们展现真实自我的愿望，又兼具魅力和吸引力。他们的罪爱香水系列广告就是一个完美的例子，广告中，演员埃利奥特·佩奇、女演员朱莉娅·加纳和说唱歌手兼制作人 A$AP Rocky 共度了一个神秘且浪漫的夜晚。

当谈到售卖幻想时，香水、跑车和服装往往会自然而然地被提及。传统的营销专家甚至会告诉你，这些行业销售的商品本就属于"幻想品"。然而，与人们普遍的看法相反，幻想并不仅仅属于这些行业。事实上，幻想驱动着所有伟大的品牌，它们满足了我们对更完美、更美好的自我的渴望，并且在各个领域中促使人们形成直觉的品牌偏好。无论是邦蒂的"快吸纸"神奇地吸收了难以清理的液体，还是奥特拉的银屑病药物让你自信地露出手臂；无论是纸巾和清洁用品，还是健康护理和药品，或是社会事业、筹款和政治运动——幻想的力量无处不在，它主宰着一切。

但人们并不会说自己渴望幻想。他们总是说他们想要的是真相："我想要和我一样的人。他们是真实的，他们的身材并不完美，他们的家有点凌乱，他们的孩子像我的孩子一样不听话。"但这是他们的意识心理在说话。正如我们所讨论的，怎么说和怎么做是完全不同的两回事。尽管如此，这并没有阻止营销人员和广告公司的创意人员迎合这种所谓的对真相的渴望，毕竟，他们在倾听消费者的声音。然而，到关键时刻，这种迎合并不奏效。市场上表现最好的创意内容——无论是在电视上、社交媒体上还是数字广告中——几乎都是无法企及的完美：在复古灯光点缀的整洁的户外露台上，其乐融融地用餐的一家人；和《美好家园与花园》杂志中一样有格调的家；优雅走下跑车，准备参加朋友聚会的情侣；在橄榄球比赛中笑得前仰后合的父子俩。这些画面深深地印在我们的脑海中，因为无论我们是否意识得到，我们所有人都受到幻想的影响。我们无法抗拒，我们的头脑渴望幻想。

幻想如何利用大脑

就像多层的信息传递一样，幻想也能高度利用大脑。它点亮我们的心智，启用大脑的多个部分，同时与我们记忆中储存的理想化想法和视觉图像相连。这个过程中，幻想会触及我们的积极联想，占据我们的注意力，将我们与周围现实的世界隔绝开来，就像你被困在一个超时的会议中时，你的意识开始游离，陷入对即将到来的周末的幻想之中。你对那个完美周末的幻想如此专注，以至于直到同事轻轻推你，提醒你赶快回答的时候，你才意识到自己没有回应老板的提问。

幻想是指我们的大脑创造的与未来目标和梦想相关的原创虚构故事。幻想是通过扩展大脑神经通路网络而构建的。这个网络包括海马体，它对记忆、学习行为和情绪起着重要作用。为了让幻想发挥作用，大脑的其他区域也必须参与进来，去编码和检索记忆，生成连贯而复杂的场景，并调节我们的情绪。因此，幻想需要大量的脑力活动，这就是为什么幻想能在一段时间内占据我们的思维，吸引我们的注意力。幻想利用我们的五种感官，让我们在脑海中安全地体验和构建那些可能在现实生活中不太可能发生的事。

幻想是普遍存在的。尽管每个人的具体目标可能各不相同，但大多数人都有着共同的梦想。无论你是渴望进入职业联赛的业余运动员，还是每个周末打一次球的中年人，你都渴望胜利。无论背景如何，每个人都希望在退休后享受无忧无虑、自由自在的生活。有人向往巴厘岛的海滩，有人则希望在家中悠闲地度日。当然，还有爱情，这是人们一种普遍的渴望。无论是谁，都渴望爱情与亲密关系。

当你的品牌象征着观众心中的理想体验时，无论那体验具体是什么，你都已经在他们的幻想与你的品牌之间建立了一条神经通路。将人们熟悉的元素与独特的体验结合起来，或者通过人们小时候母亲使用过的品牌唤起他们的记忆，你能够通过契合人们深藏于心的愿望，激发积极的联想，扩展品牌的连接网络。当你的品牌能够与这些幻想建立联想时，人们的大脑不仅会被深深地吸引住，还会隔绝所有其他干扰，忽略其他竞争品牌的影响。

幻想是隐藏的需求

幻想总是围绕着我们最渴望的事物而展开，它可以是对未来的期望、宏大的目标、更健康的体魄、高质量的家庭时光、难以企及的财富、健康的环境，甚至只是睡个好觉。它代表了我们希望达到的理想状态或渴望拥有的理想体验。幻想使品牌能够在无意识的层面上与消费者建立联系。当你捕捉到目标消费者心中共同的幻想时，他们的大脑便会与品牌产生共鸣，沉醉于品牌所描绘的梦想成真的美好愿景中。

以房地产搜索网站智乐为例，消费者对它的痴迷达到了惊人的程度。即使不打算搬家的人，也常常沉迷于智乐，浏览那些自己负担不起的房子。2021年的一项调查显示，在受访的1000人中，有55%的人每天会花1~4个小时浏览智乐，而80%的人每周至少会有一次幻想自己拥有在智乐网站上看到的某个房子。更令人惊讶的是，49%的人表示，他们宁愿看智乐的房源也不愿意进行性生活。智乐触动了数亿访客内心深处的理想自我——他们渴望成为更好的自己，过着更高品质的生活。他们希望自己的家是梦想中的城堡，而不是狭小的单间公寓或堆满杂物的凌乱住所。

家装电视节目一直备受欢迎，这并非偶然。家园频道每月有9500万个美国家庭收看，其收视率排名第9。这些节目成功地推广了一个幻想，并且这种幻想实际上已经开始影响人们买卖和装修房屋的方式。这种现象被称为"家园频道效应"。研究表明，房主们宁愿牺牲自己的喜好，也希望让他们的房子与电视节目、《更美好的家园和花园》杂志里的房子看上去更相似。

幻想体育——一个在美国价值近95亿美元的拟体育游戏产业——也在以同样的方式运作。职业体育界是由一群精英组成的群体，在大多数人最狂野的梦想中，他们也很难成为其中的一员。然而，通过幻想体育，人们可以在虚拟世界中实现这些梦想。我们挑选的球员成为球队的一部分，他们在现实世界中的成功会影响我们的球队的得分。随着我们与这些职业选手的联系日益紧密，幻想在我们的脑海中逐渐扎根，我们扮演着教练、老板和经理的角色。在这里，幻想不仅是一种营销手段，也是产品本身。仅在美国，就有超过5000万人参与幻想体育，其中33%是女性。这个行业每年都在不断增长，玩家渴望实现他们儿时的梦想。

但是，遵循传统营销法则的营销人员和广告创意人士认为，消费者渴望的是触手可及的产品、服务和交流，而不是虚构的幻想。他们希望避开那些看起来遥不可及、过于奢华的东西，以免吓跑潜在的买家。比如，他们会声称，像科尔百货这样以低价而闻名的百货公司应该向消费者展示普通人穿着日常的普通服装，传达出产品物美价廉的信号。但从结果可以看出，这种商业模式并不奏效。人们想要两全其美：他们希望获得名人们令人向往的穿衣风格，同时仅需支付较低的价格。这就是为什么像塔吉特百货这种承诺以合理的价格提供时尚产品的公司，年收入能超过1000亿美元。如今，各个收入阶层的消费者都比以往更加"懂行"，因为他们广泛接触了时尚、品质和工艺，并对这些有深入了解。他们知道名人服装的设计师品牌，会留意设计师服装和鞋子上精细的缝线，也懂得欣赏手表上精密的计时功能。塔吉特百货专注于产品质量和风格，使人们的幻想变得触手可及。

真相为何输给幻想

即使从表面上看，幻想似乎并没有在起作用，但如果你深入观察，你就会发现幻想总是胜过真相。当幻想与真相并存时，往往是幻想更加强大。20年前，只有一小部分人会关注气候变化，他们基本上是环保主义者和绿色和平组织的员工。但在2006年，有38%的人同意"全球变暖的严重性普遍被低估"，这个比例达到了当时的历史最高点，同时有43%的人"非常担忧"环境问题。这种关注度的增加很大程度上来自一个重大事件——不是海啸、地震、干旱或是物种消失，而是一部后来被数百万人观看过的电影。

2006年上映的《难以忽视的真相》，由前美国副总统阿尔·戈尔主演。这部电影不仅在商业上取得了成功,收获了近5000万美元的票房,还获得了奥斯卡金像奖最佳纪录长片奖。一项关于这部电影影响的研究显示:"这部电影不同于以往的任何作品或事件,它成了促使美国人更有意识地思考和应对气候变暖的转折点。"但是,究竟是什么使这样一部纪录片——这一类型的影片通常并不为大众熟知——能够如此受欢迎,以至于引发了人们对环境问题的热切关注呢?

是幻想的力量。多年来,其他气候倡导者提供了研究成果、数据、事实和数字,但这些都只作用于人们的意识心理,因此很难改变人们的观念或影响他们的决策。戈尔的电影之所以有效,是因为他展现了理想中的自然世界,一个近乎伊甸园般的世界。这触动了我们内心的渴望,同时暗示我们可以,也必须回到那样的世界里。他通过展示世界上最著名、最宏伟的自然奇观,投射出了这一幻想。此外,他还将这一幻想与现实进行了生动的对比。

对比就像是给大脑的兴奋剂。一个意大利酱料品牌对比展示了自己品牌和其他品牌的酱料——自己品牌的酱料罐中插着一根直立的木勺,且标有其品牌名称,而另一个品牌的酱料罐中的勺子歪倒在一边,并标有"其他意大利酱料"几个字。看到这个对比,人们的大脑立刻产生了想象。相比于竞争对手那稀薄如水的产品,浓厚的番茄酱显得更加诱人。

戈尔的电影也运用了对比的手法。电影通过展示阿尔卑斯山、秘鲁、阿根廷、乞力马扎罗山和巴塔哥尼亚的冰川和冻土地的航空照片,以及这些冰川的边界随着时间收缩的画面,达到了同样的效果。当观众看到覆盖着冰雪的土地逐渐变成光秃秃的棕色土地时,他们不需要有意识地思考发生了什么,仅凭直觉就能意识到危机的严重性。如果戈尔只展示幻想,或者只展示现实,大脑就不会抓住冰川消退这一概念,电影对气候危机的刻画也不会如此深入人心。

像雪山一样,冰川也是一个神奇的增长触发点:这些宏伟的自然景观象征着纯净、新鲜的空气,大自然的美丽和洁净。这一切在人们眼前融化消失,会令人深受触动。

同样,戈尔还给人们展示了一张网格,上面是各种动物的图像。每个逐渐消失的格子,都是这个物种衰落和最终灭绝的直观呈现。类似的还有那只仿佛从皮克斯动画里走出来的北极熊,北极熊游向一块逐渐消融的冰层,这是一种负面的增长触发点——一种现实的冲击,它会深深地烙印在观众对气候变化的认知里。人们幻想着那块孤立、脆弱的冰块能够恢复成气候变化前庞大冰川的样子。通过展示过去和现在的差距,人们保护自然环境的强烈愿望被激发出来。他们的幻想是纯净的空气、明净的天空、健康的生活环境和未经污染的美景。人们因此纷纷响应,关注自然环境的保护。

然而,一旦停止强化这种幻想,人们的大脑利用率就会下降,这意味着人们的记忆会逐渐消退,你在人们大脑中拥有的神经通路会逐渐消失。更低的大脑利用率意味着更少的进展,这会导致增长放缓甚至彻底停止。我们可以从美国的气候关注度自

2016年以来停滞不前中看出这种停滞效应。尽管超过70%的美国公民认为全球变暖正在发生，但这个认知并没有转化为人们对气候问题的关注。咨询公司盖洛普的一项民调显示，如今只有43%的美国人"非常担心"全球变暖（与2006年相同），2016年以来，这一数据几乎没有变化。根据皮尤研究中心的数据，2022年，只有54%的美国成年人认为气候变化会对国家构成重大威胁。

当人们心中那个可能会实现的美好幻想与现实情况之间的对比不再被强调时，这项环保运动似乎就失去了影响力。运动的倡导者没有继续沿用戈尔行之有效的方式，而是将气候变化描绘成一种关乎人类生存、几乎不可避免的危机。例如，在格蕾塔·通贝里著名的2019年联合国演讲中，这位年轻的活动家几乎抑制不住自己的眼泪。她情绪激动地谴责联合国成员，并间接指责电视机前的观众："你们用空洞的言辞偷走了我的梦想和童年……我们正处于大规模灭绝的开端，而你们谈论的只是金钱和经济永恒增长的童话。你们怎么敢这么做！"她的愤怒是显而易见的，随后她列举了一系列事实和数据。

通贝里讲述了很多让她感到愤怒的事情，她的演讲也因此成为头条新闻。然而，她对严峻现实的描绘是一种典型的基于意识心理的劝说。这种对抗性的方式不仅不太可能引起共鸣，反而可能会让人想要疏远她。如果没有传达出希望的信息，没有说我们可以一起做些什么，如何拯救世界并实现环境乌托邦的愿景，那么这次演讲就无法产生她期待的改变人们行为的效果。研究表明,"格蕾塔效应"确实激励了那些已经意识到气候危机严重性的年轻人,让他们觉得个人行动可以产生影响,这是值得称赞的。然而,问题在于听进去她的演讲的人是那些认同她观点的人,她的演讲似乎并未改变气候变化的叙事,也没有为环保运动赢得新的支持者。尽管传统营销规则声称人们想要知道真相,但实际上我们想要的是幻想——在这个案例中,人们的幻想是一个洁净的未来。如果通贝里和环保运动想要在未来取得成功,他们必须挖掘人们普遍的愿望和渴望,而不是去谴责他们。

"垄断"幻想的主导地位

在市场中,每个品类都有其主导的幻想。对户外活动品类来说,它是冒险、挑战、自我反省和与大自然的连接。在护肤品品类中,它是完美的肌肤、内在健康和幸福的外在表现。在家居和家具品类中,它是你梦想中的时尚且舒适的家。在运动饮料品类中,它是无与伦比的运动表现。还有一些比较常见的幻想存在于政治和社会事业中,比如安全且干净的街道,合理的房租或房价,还有人人平等的世界。尽管任何品牌都可以触及消费者的愿望和需求,从而在无意识层面上与他们的幻想相连,但只有真正拥有这种幻想的品牌才能在该品类中取得主导地位。

当你垄断了你所在品类的幻想时,你就建立了竞争壁垒。如果你对这种幻想的掌控足够强大,你甚至可以重新定义这个品类,在你的品牌和这种幻想之间建立起比其他品牌更紧密的联系。就像所有的竞争者都在攀登一座高山，争夺唯一的顶峰一样，只有一个品牌能最终登顶，将其他品牌挤下陡峭的山坡。当一个品牌垄断了这种幻想，这就意味着它在消费者心智中占据了首要位置。而当你的品牌成为消费者心中的首选时，你就成了市场的领导者，而且这种领先优势通常会持久地成为消费者的直觉选择。

例如，佳得乐自1965年创立以来，一直是运动饮料品类的引领者。2023年，它的年销售额达到62.5亿美元，几乎是竞争对手护体装甲（16.5亿美元）的4倍，是劲能（12亿美元）的5倍。诚然，佳得乐是市场上第一款运动饮料，但它的持续成功归功于它推动了人们心中对超凡运动表现的幻想。20世纪80年代到90年代，佳得乐通过其代言人迈克尔·乔丹来体现这种幻想，橙色的液滴从他毛孔中渗出，象征着他卓越的运动能力和由佳得乐驱动的内在动力。通过这种幻想，佳得乐的品牌连接组在观众的大脑中更为强大。其实，要拥有一种幻想，你并不一定要成为市场的先行者，你只需要知道哪种特定的幻想最有效，并将它与你的品牌联系起来。

例如，1984年，福爵咖啡推出了一项新的广告活动，这项活动在广告界和营销史上成了经典案例，并创造了一项极具影响力的DBA——一句家喻户晓的广告语和广告歌词："美好的清晨从一杯福爵开始。"（如果你熟悉这首歌，那你读到这里时一定会情不自禁地哼唱起来。）在整个20世纪70年代和20世纪80年代初期，福爵与麦斯威尔是美国最具竞争力的两大咖啡品牌，在盲品测试中难分伯仲，市场份额也不相上下，在市场上并驾齐驱。这两家公司都有着悠久的历史。福爵起源于19世纪50年代的加利福尼亚淘金热时期，最初服务于矿工，而麦斯威尔则在40年后的1892年于纳什维尔成立，品牌名是为了致敬创始人的第一个客户——麦斯威尔酒店。

"美好的清晨从一杯福爵开始"这句流传起来之后，福爵迅速超越了麦斯威尔，短短几年内就成了美国排名第一的咖啡品牌。为什么？因为这句广告语满足了人们对完美清晨的幻想。无论你信不信，当时还没有哪家咖啡公司专注过这个一天中至关重要的时刻。在那之前，咖啡公司都担心如果过度强调清晨喝咖啡这个消费场景，他们会把所有的鸡蛋放在一个篮子里，从而错失其他消费场景，例如下午3点的提神时间或晚餐后的那杯咖啡。对此，品牌策略师兼Triggers常务董事摩根·塞西马克精辟地解释道："你营销的和你销售的是两回事。"其他咖啡公司没能理解的是，专注于清晨喝咖啡这一个场景的营销，并不代表你的咖啡只会在这个时间段被消费，营销的关键是建立品牌与人们幻想的生活方式的连接。

在为福爵制作广告的过程中，恒美广告公司的创意团队屡屡碰壁。品牌的创意总监一个接一个地审核团队的创意，又不断地否决这些创意。一次，他在团队的办公室里四处查看，指着地上的一堆草图，问道："那是什么？"文案撰稿人说这些都不是什么好创意，基本上是准备扔掉的废稿。但其中有些东西引起了创意总监的注意，他请团队详细介绍了其中一个广告方案：画面展示了一个正在闻咖啡而不是喝咖啡的人。这个人闭着眼睛，脸上的微笑逐渐展开，尽情地吸入浓郁的咖啡香气。创意总监看到了这个点子的潜力。这个广告方案浪漫地描绘了人们如何迎接新一天的美好时刻，那是一个充满无限可能的开始。这种美好的感觉并不是由咖啡因引发的，而是由咖啡的香气带来的。事实证明，在大脑中，香气代表着优质且浓郁的味道——这是咖啡品类中最强大的增长触发点之一。

担心失去下午和晚上咖啡消费场景的顾虑很快就烟消云散了。福爵发现，清晨的那杯让人焕然一新的咖啡是人们在一天中的其他时刻也渴望喝到的。专注于清晨这一关键时刻的营销并不会阻碍福爵在一天中的其他时间被人们选择。因为清晨的第一杯咖啡要经历最"严酷的考验"——毕竟它是一天中最重要的一杯。要是清晨喝到一杯糟糕的咖啡，你一整天的心情都可能被毁掉。人们心中对美好清晨的幻想强化而非限制了福爵在消费者脑海中的品牌连接组，反而使该品牌在一天中的任何时刻都成为人们的首选。福爵的市场份额因此飙升，并凭借"浓郁的口感和香气"（无论是消费者主观感知到的，还是客观上的确如此）获得了显著的优势，超越了麦斯威尔，并在未来多年对其他咖啡品牌进入市场建立了壁垒。

名人效应是把双刃剑

幻想总是与名人紧密相连。无论是网红、公众人物、职业运动员、受人喜爱的演员和音乐家、成功的企业家，还是任何能体现当代文化潮流的人物，如果能恰当地运用他们的影响力，他都可以成为品牌有效的增长触发点。名人是一种意见领袖。虽然其他类型的意见领袖也可能对人们的决策产生影响，比如你社交圈中的风云人物、总是比别人更有先见之明的有魅力的同事、似乎生活得如意自在的时尚邻居、健身房中腹肌明显的朋友，但没有人能像名人那样激发出人们强烈的幻想。

当一个品牌在他们的宣传和营销中与一个受人喜爱的名人建立了联系时，品牌就在无形中与人们的幻想建立了联系，因为我们的直觉相信名人们过着梦幻般的生活。他们富有，参加名流云集的派对，与其他重要的人物交往，与总统会面，拥有多套房产，以奢华的方式度过他们的假期。这些人在社会中有着很高的地位，我们仰望他们，并把他们奉为偶像。尽管我们中有些人可能会否认这一点，但我们所有人都有自己仰慕的名人——这是我们大脑运作方式的一部分。

这种现象贯穿了整个人类的进化史——我们天生就会仰望那些拥有声望的人。根据哈佛大学人类进化生物学教授约瑟夫·亨里希和墨西哥管理学院政治人类学家弗朗西斯科·何塞·希尔－怀特的研究，自然选择会偏爱那些能模仿成功人士行为的人，以及那些能够讨好成功人士且与成功人士互动多的人。随着时间的推移，人类不断迁徙，人们的社交和影响范围也随之扩大，这种渴望持续存在并且发展成了人们的一种直觉上的偏好，即模仿和崇拜社会中最受欢迎的人物。

2023年泰勒·斯威夫特引发的狂潮是最引人注目的名人现象之一。她的"时代"巡演仅门票销售额就超过了5.9亿美元，成了有史以来女性艺术家票房最高的巡演。有超过350万人预订了预售门票，尽管票务大师网站因流量过大，系统崩溃，但一天内依然售出了200万张门票。巡演现场挤满了粉丝，他们伸出双臂，希望能够接到一些她的魔力。这场景仿佛重现了20世纪60年代的披头士狂热。

　　她的成功部分归功于她不断强调自己的音乐不同于当下"时代"，不仅可以迎合现有歌迷的怀旧情绪，又能不断吸引新的歌迷。但更重要的是，斯威夫特以独特的方式管理她的明星身份，让她的歌迷既能进入她充满幻想的生活，又能感受到她对生活起伏的真诚和开放态度。虽然大多数名人可能显得十分遥远，但她的歌迷得到了无与伦比的亲近感——他们觉得她就是自己的朋友。歌迷甚至制作友谊手链，以纪念他们与斯威夫特之间深厚的感情连接。

　　请记住，一个品牌是通过它所建立的联想而闻名的。当一个品牌获得名人的代言时，我们的无意识心理会认为这个产品、服务、投资或事业必定是好的，因为我们对那个名人的积极联想会转移到品牌上，他们的地位提升了与之相关的品牌。根据坦普尔大学教授、心理学家弗兰克·法利的说法，当我们在媒体中了解名人或其他知名人物时，我们"经常通过他们来体验我们的一部分人生"。这为"追星"一词赋予了新的意义。这并不是说我们一定要跑去参观好莱坞名人的家，而是我们的无意识心理渴望与他们的地位相连。法利解释："我们都有渴望拥有财富、名声、幸福、时尚和社会影响力,而这些渴望通过童话故事和我们养育孩子的方式深植心中。"

因此,如果一个名人向你推荐某个产品、概念或想法,它更有可能在你的品牌连接组中留下深刻印象,因为这个名人是你已经认识的人。名人本身就拥有庞大的连接组,所以品牌可以借助名人和人们之间已经建立的关联。当名人的连接组和你的品牌连接组相融合时,你的品牌会获得更高的知名度和辨识度。实际上,你将名人及其代表的幻想与你的品牌黏合在一起了。莱斯特大学的一项研究展示了这种"黏合效应"。他们首先向参与者展示了一张珍妮弗·安妮斯顿在埃菲尔铁塔前的照片,他们观察到参与者特定的神经元被激活了。随后,他们向参与者分别展示了安妮斯顿和埃菲尔铁塔的照片。在单独展示这两张照片时,之前记录的神经元也被激活了。这表明,在参与者的脑海中,埃菲尔铁塔已经与安妮斯顿紧密地联系在了一起。

观众的大脑中早已有了一个关于安妮斯顿的连接组,这是通过她在电影和电视行业30余年的职业生涯中的多个角色,尤其是在热门情景喜剧《老友记》中饰演瑞秋一角逐渐建立起来的。安妮斯顿是邻家女孩,是美国甜心。当我们看到安妮斯顿与艾维诺护肤品或智慧水联系在一起时,有关这些品牌的新信息会被添加到我们已有的关于安妮斯顿的神经通路中,使这些品牌在我们的记忆中更为牢固,并促使这些品牌的品牌连接组更快地萌芽和成长。安妮斯顿在50多岁时依然容光焕发,她给这两个品牌带来了健康、健美和自信的联想,这也起到了很好的辅助作用。如果你借助一个广为人知的名人,并通过他们传递你的品牌信息或视觉内容,你会更快、更有效地在消费者大脑中建立与你品牌有关的新关联。这比你仅仅宣传产品本身要有效得多。

当然,这种营销方式同样适用于其他好莱坞演员、职业运动员、社交名流,以及越来越多成功吸引了千禧一代和Z世代观众的社交媒体意见领袖。直到2019年,"意见领袖"这个词的现代用法才被正式列入韦氏词典。同年,市场研究公司晨间咨询发现,在参与调查的年轻美国人中,54%的人表示如果有机会愿意成为社交媒体意见领袖,86%的人愿意接受报酬来发布赞助内容。皮尤研究中心的数据显示,54%的18~29岁社交媒体用户表示,社交媒体意见领袖对他们的购买决策有影响。社交媒体意见领袖也是一门大生意,据估计,2022年,全球在社交媒体意见领袖上的营销支出高达164亿美元。

一线名人的代言费用高昂,每年可能会花费品牌数百万美元。社交媒体意见领袖也在某种程度上有着名人的影响力,价格却合理许多。他们虽然在知名度上有所欠缺,但他们的专业知识和与观众的互动通常可以弥补这一不足。社交媒体意见领袖的消费者数量可以从几千人到一百多万人不等。无论他们的粉丝数量是多少,如果他们面向特定消费者,或是与某个特定的群体联系紧密,他们的声音就能产生巨大的影响。这样的社交媒体意见领袖拥有一群热情的粉丝,这些人对他们的建议非常感兴趣,从而放大了他们的声音。他们可能做不到世界闻名或家喻户晓,但有些社交媒体意见领袖拥有数百万忠实粉丝，比如"千禧父母顾问"贝姬博士和化妆师兼美容博主胡达·卡坦。像他们一样的社交媒体意见领袖还有很多——他们专注于健康的儿童友好食谱、木工、护肤和投资等不同的领域，而这还不包括像意大利无声喜剧演员卡班·阿布兰·拉梅（截至2024年拥有1.615亿TikTok粉丝）和舞者查莉·达梅利奥（2022年收入最高的TikTok社交媒体意见领袖）这样的社交媒体名人。尽管粉丝量是重要的，但在社交媒体意见领袖的世界中，消费者规模并不是最重要的因素，更重要的因素是消费者的参与度。

拥有一万名互动极多、愿意购买社交媒体意见领袖推荐的所有产品的消费者，比拥有一百万名不互动的消费者更有价值。社交媒体意见领袖的推荐就像名人代言，但消费者的规模更小，目标更明确。而且，对品牌来说，你不需要依赖大公司或是要有几百万美元的预算才能雇用这样的社交媒体意见领袖。如果你是一个创业者，或经营着一家小企业，那么请花一些时间了解你所在领域的社交媒体意见领袖——那些消费者信任和尊重的人。他们可能不是名人，但如果你的消费者与他们有着深层次的联系，那么他们可能会有效地帮你快速扩展你的品牌连接组。

但是要小心，许多品牌过度依赖名人和社交媒体意见领袖，结果反而损害了业务。如果你过于依赖通过他们来让品牌在消费者心中留下深刻印象，这可能会成为一种限制。更糟糕的是，他们可能会损害你的品牌的辨识度。广告测试常常显示，人们记住了名人，却忘记了他们所宣传的品牌。名人应该是展示品牌优势的催化剂，不应该成为故事的主角。如果你的广告更多地展示这个名人，而不是你的业务或事业的优势和专业性，消费者将永远无法真正理解你到底在销售什么。另外，如果那个名人未来失去了大家的喜爱怎么办？被封杀了怎么办？如果你的品牌过于依赖那个名人，随着两者连接组的融合，这个名人所带来的任何负面联想都会对你的品牌产生负面影响。名人总是来来去去——但你不希望他们消失在公众视野时，也带走了你的品牌。

根据益普索的调查，与表现不佳的广告相比，使用品牌专属角色可以让广告取得出色表现的可能性提高 6.01 倍，而借助名人则仅能让这个可能性提高 2.84 倍。因此，名人确实能提升品牌的辨识度，但他们与品牌的联系不可能像专门为品牌打造的专属角色那么强。除了名人，还有很多其他方法可以在消费者的记忆中建立关于品牌的联想，让品牌成为消费者的首选。DBA 远不止品牌的专属角色、标志性颜色和包装的形状。从 DBA 到各种符号的运用，这个领域像一个未被充分开发、充满各种可能性的宝库。许多企业没有选择在名人上投入巨资，而是通过开发 DBA 和增长触发点来构建一致的品牌认知，这样反而会更好。

幻想的麦道夫效应

总体来说，幻想对我们是有好处的。正如美国精神病学家埃塞尔·S. 珀森所解释的那样："我们真的被我们的幻想渗透了，它们可以帮助我们确立目标并提供为之奋斗的动力。"但我们的幻想也可能会被别人利用,他们可以通过幻想的力量对我们施加不当的影响。如果他们这么做时考虑了我们的利益,那这没有问题,我们可以实现互惠互利的交易。但如果不是这样,事情可能很快就会变得糟糕。因此,理解幻想的运作方式也可以帮助我们识别那些看上去过于美好的事情背后的风险。

我们对成功、声望(甚至恶名)和社会影响力的本能渴望,往往会让我们忽视明显的危险信号。即使真相近在眼前,英雄崇拜和欲望也能蒙蔽我们的理智,使我们为了那一丝幻想不惜一切代价。由于被这种虚幻的美好蒙蔽了双眼,我们没有深入探究,或进行必要的调查。这种现象被称为麦道夫效应,得名于身败名裂的投资经理伯尼·麦道夫和他经营的长达近30年的庞氏骗局。

麦道夫效应由三个要素构成。第一个要素是几乎无法被攻破的良好信誉缓冲带。多年来,麦道夫通过积积累极联想,建立了这样一个缓冲带,这些积极联想是他几十年辉煌的职业生涯积累下来的。麦道夫在20世纪60年代开始涉足金融领域,与纽约市和佛罗里达州棕榈滩的政坛精英和有影响力的商界人士建立了关系。他通过帮助启动纳斯达克股票市场并在20世纪90年代初三次担任其董事而赢得了声誉。麦道夫与金融监管机构关系密切,甚至在证券交易咨询委员会任职,因此被视为可靠且值得信赖的人。20世纪80年代后期,1987年股市崩盘("黑色星期一")时,成百上千的客户想要取回他们的资金,麦道夫的经纪公司是少数几个接电话的公司之一，这进一步提升了他的声誉。他为自己树立了穿着闪亮盔甲的骑士般的完美无瑕的形象。仅在那一天，他就成功建立了一个巨大的良好信誉缓冲带，没有人会怀疑他在暗中经营着世界上最大的庞氏骗局。

麦道夫效应的第二个要素是财富和名声的双重承诺。麦道夫不仅是华尔街的宠儿，他还发展了一群高端的客户群体，这些客户包括许多一线名人和顶级银行机构：史蒂文·斯皮尔伯格的神童基金会、伊利·威泽尔的基金会、纽约大都会棒球队的老板弗雷德·威尔彭、亿万富翁兼媒体大亨莫蒂默·朱克曼、英国的汇丰控股、苏格兰皇家银行、日本的野村控股和法国的巴黎银行等。随着时间的推移，人人都想参与其中，麦道夫利用幻想和声望的力量，激发了人们的兴趣。麦道夫通过引用投资他的名流和受人尊敬的金融机构的名字，让人们认为投资他的基金是一项既赚钱又稳健的投资。麦道夫只需要说"斯皮尔伯格把钱投到我的基金里了"（一个明显的增长触发点），投资者就会乞求他接受他们的资金。不是每个麦道夫基金的投资者都能与他的名人客户交往，但他们的钱可以和这些人的钱放在同一个基金里。

就像任何成功的品牌一样，麦道夫效应的第三个要素是其拥有大量 DBA 和增长触发点。麦道夫善于利用那些与财富、声望、高端和成功相关的概念，打造统一的品牌形象。比如，他将办公室搬到了曼哈顿中城第三大道上那座富丽堂皇、标志性的口红大厦里，并且从拉伊的家中乘水上飞机去上班。资深基金经理开始告诉人们，必须投资麦道夫的基金——他简直是个魔术师。他的确曾为客户创造了非凡的回报,这进一步巩固了他作为华尔街魔术师的声誉。

这三个要素共同作用的结果是,麦道夫效应利用了我们内在的错失恐惧症。正如棕榈滩以马内利犹太教堂的拉比列昂尼德·费尔德曼所解释的那样:"如果有人说:'我想在你的基金里投资 500 万。'麦道夫会说:'不不不。'你必须打通关系才能有机会投资他的基金。"这反而让人们争先恐后地想要投资他的基金。换句话说,麦道夫效应部分依赖于稀缺效应,这是一种认知偏见,即我们对稀缺的东西更加看重。就像当某样东西售罄,或者有人告诉你还有其他人也想要这样东西时,你就会更加渴望得到它。简直没有什么比空荡荡的货架更能激发人们的兴趣了。

尽管投资者多次收到关于麦道夫可能存在问题的报告,人们还是被蒙蔽了,认为他不会做错事,其中甚至包括证券交易咨询委员会。而与此同时,500 亿美元的资产直接流入了麦道夫的口袋。或许麦道夫效应最悲惨的一面是它会伤害卷入其中的无辜的普通人。那些"有幸"投资了麦道夫的普通人完全破产了。比如,76 岁的前地毯销售员阿诺德·辛金在工作 54 年后,将他和妻子的所有积蓄共约 100 万美元都投给了麦道夫。在麦道夫被捕后的 48 小时内,辛金夫妇的全部积蓄和退休金全部消失了。

似乎每隔几年就会有令人震惊的投资者被骗事件曝光。从 21 世纪第一个十年的安然丑闻,到 2022 年在首席执行官萨姆·班克曼-弗里德领导下倒闭的 FTX 加密货币交易所,这样的事件屡见不鲜。它们揭示了我们的大脑运作的方式，以及麦道夫效应如何利用我们的无意识心理对名望和财富这个致命组合的渴望。这些机会看起来是正确的选择，我们依靠直觉做决策时，会忽略对那些实际上需要进行仔细研究和深入调查风险。我们的幻想使我们将别人捧上神坛，高估收益，低估风险，永远被轻松赚钱的可能性诱惑。因此，尽管幻想有助于建立品牌连接组和打造品牌，我们必须警惕幻想的陷阱。

即使许多人在意识层面声称他们想要知道真相，但人们依然像飞蛾扑火一样，被令人向往的幻想所吸引。幻想有多种形式，我们的大脑欢迎它们。我们知道有些幻想能够被实现，而有些可能永远也不会实现，但这并不妨碍我们继续幻想。有些幻想很简单，比如拥有一个干净整洁的家；有些则很宏大，比如拥有无法想象的财富。但可以肯定的是，幻想并不仅存在于少数几个行业，如化妆品和服装；它在所有行业中都有效，从医疗保健业、金融业到娱乐业。尽管每个人的愿望和欲望各不相同，但我们的幻想却出奇地一致——我们都希望家庭和睦，在工作中得到认可，去异国度假。这些幻想都反映了我们希望成为什么样的人，追求怎样的生活，并想要体验那些完全不同于我们日常生活的经历和感觉。

由于大脑对幻想有着高利用率和多重联想，幻想占据了我们的思维，阻断了其他一切想法。同样，通过将你的品牌与某种幻想联系起来，你的品牌连接组将会壮大，挤掉竞争对手的连接组，从而成为消费者的直觉选择。然而，如果我们不小心，幻想也可能蒙蔽我们的双眼。它们常常让我们忽视那些本应关注的信息，比如确凿的数据、业绩和潜在的风险。了解这一事实和大脑的运作方式，我们可以识别何时需要进行详尽的尽职调查，从而保护自己不被那些想利用幻想来占我们便宜的人欺骗。

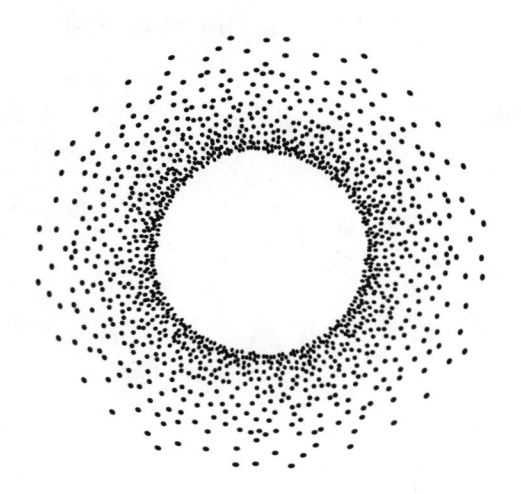

CHAPTER EIGHT

第八章

突破核心客户圈层依赖

让顾客买了又买的法则

依赖现有客户是一个陷阱。你品牌的成长更多地来自那些现在还没有买过你的产品的人。

1997年，奇普·威尔逊上了他人生中的第一节瑜伽课。这位曾经的阿拉斯加石油管道工人后来成了滑板和冲浪、滑雪服装的设计师和生产商。威尔逊在几个月里频繁听到关于瑜伽的信息：他在电线杆上看到了一则瑜伽课广告，在报纸上读到了一篇关于瑜伽的文章，在咖啡店里听到有人在谈论瑜伽。他决定亲自去看看瑜伽到底是怎么回事，于是去上了一节瑜伽课。在接下来的四周里，威尔逊惊讶地看到上这节课的人从5人增加到30人，而且除了他全是女性。他感到一场变革即将来临。以前的健身服仅限于破旧的T恤和磨损的短裤——这些衣服在健身房外的任何公共场合都无法穿着。威尔逊决定为这个人群——年轻、职业、成功、充满活力的女性——开发一种更专业的新型运动服装。1998年，露露乐蒙诞生了。

最初，他的工作室白天是设计师工作的空间，晚上是瑜伽室。到了2000年，这个地方变成了一家销售女性瑜伽裤的专卖店。

时间飞逝，到了 2023 年，露露乐蒙已经在全球拥有了 650 家零售店，其中 350 家位于美国。露露乐蒙在 2022 年的收入达到了 81 亿美元，相比于前一年，增速达到了惊人的 29%，其中线上销售约占总收入的 52%。奇普·威尔逊将健身服革命性地升级为一种全新的运动服装风格——运动休闲服。

尽管如此，这个品牌最令人印象深刻的并不是它的过去，而是它如何定位自己，以实现未来的可持续增长。虽然露露乐蒙起步于女性瑜伽裤，但在发展过程中，它牢记了许多品牌容易忽视的一点——品牌现有消费者群体之外的人。大多数传统、基于意识心理营销模式的品牌思维都不够开阔。他们有一个短视的观念，认为新的消费者群体要么不值得争取，要么不可能赢得。但这引出了一个显而易见的问题：你的品牌将如何继续实现增长？尽管收购其他品牌可以实现收入的增长，但大多数品牌不能仅靠收购其他品牌就登上顶峰。此外，通过公司内部努力而实现的增长，无疑是你可以实现的最受尊重的增长类型，也是提高公司股价的关键。你当然可以尝试去吸引与现有消费者"相似的"消费者来购买你的品牌，但这种方法会严重限制潜在的买家数量。

露露乐蒙不仅牢牢抓住了忠实消费者，还把业务拓展到了一个完全出乎意料的领域——男装。任何传统的营销人士都会认为这是几乎不可能实现的。一个以女性瑜伽裤闻名的品牌怎么可能吸引男性消费者呢？大多数人会说，这根本不可能发生，但他们错了。尽管露露乐蒙近 70% 的收入依然来自女性产品，但男装已经占到了销售额的 30%。你猜怎么着？男性消费者爱上了它。2018—2020 年，露露乐蒙男装类收入的复合年增长率为 27%，超过了女性产品的增长速度。2022 年，《华尔街日报》报道了一群对露露乐蒙裤子痴迷的男性消费者。同年，《时尚先生》杂志称该公司的 ABC（Anti Ball Crushing，指私密部位守护，用以描述裤子在男性身体敏感部位的贴合度高）裤子为"经典之作"。

露露乐蒙最受欢迎的男士裤子，ABC 裤和 Commission（指挥官）裤，可不像你周六在家穿的宽松、邋遢的运动裤。它们足够正式，可以当作正装裤穿，但采用的是露露乐蒙有名的技术先进、适合运动、富有弹性且非常舒适的面料。这一不断增长的男性消费者群体被称为"露露男士"。根据公司全球品牌管理和运营高级副总裁德布·玄的说法，这些消费者正在成为品牌重要的购买力量。这些裤子设计简约，没有太多纽扣或拉链，其美妙之处在于它们在风格、舒适度和先进技术这三者之间取得了绝佳的平衡。

一款优秀的产品不能完全解释露露乐蒙是如何成功实现增长的，要达成这样的增长，品牌必须不断地进化。传统营销观念认为，一个男人绝对不会走进一家出售女性瑜伽裤的店铺，更不用说穿上带有露露乐蒙标志的衣服了——这个品牌的标志看起来像是一种女式发型。但其实这些观点都来自基于意识心理的营销原则。实际上，意见领袖效应对露露乐蒙的男士产品起到了无声的背书作用。当男性看到他们尊敬的其他男性——无论是朋友、同事、NBA（美国职业篮球联赛）球员，还是街上的行人、在社交媒体上看到的人——穿着一条漂亮的露露乐蒙裤子时,这一切都变了。这让男性的无意识心理"认可"了这个品牌,接受了他们原本可能会忽视的"女性品牌"的产品。

尽管传统营销人员认为这是不可行的,但露露乐蒙从专注女性市场转向拓展男性市场证明,你并非只能依赖现有的消费者群体。露露乐蒙成功的关键在于创建了可扩展的专业能力,将高科技的面料结合简约的设计风格,提高穿着舒适性,从女性产品延伸到了男性产品,同时让意见领袖发挥他们对男性消费者潜移默化的影响。任何在消费者的直觉层面下功夫的品牌,都能吸引到新的消费者群体。这不仅是一个能帮助品牌实现增长的方法,也是品牌必须要做的事。传统的营销观念认为,由于竞争对手的消费者对其产品和服务高度忠诚,这些消费者几乎不可能被其他品牌转化,因此品牌最好专注于自己的核心消费者群体。这种观点大错特错。我们的大脑是一个学习机器,它在不断变化,因此,让一个人养成新习惯比要你想象中容易。依赖现有消费者群体是个陷阱,而如果你始终将资源优先用于获取新的消费者群体,你就能走出这个陷阱,甚至完全避开它。

现有客群会让增长停滞

每年都有大约 2/3 的首席营销官和营销主管报告说,他们第二年的重点是将他们的产品和服务营销给他们的现有客群。这似乎是合乎逻辑的。他们认为,向现有客群销售更多产品比吸引新客群更容易、成本更低。他们认为新客群有着根深蒂固、难以改变的习惯，以及对其他品牌的忠诚度，因此几乎不可能被自己品牌吸引。这种思维方式会导致一个问题：优先向现有客群而非新客群营销的企业会面临增长的停滞，其业务最终会随着时间的推移而萎缩。

这些企业包括本书前面提到科尔百货和维多利亚的秘密。还有许多其他企业，比如西尔斯、凯马特、杰西潘尼、玩具反斗城、电路城、洛德泰勒、博德斯书店、柯达和百视达。这些品牌都倾向于将其营销资源、消费者研究和市场定位集中在现有的客群上。这样做的结果显而易见：市场份额下降、增长率低于竞争对手，一些企业甚至最终破产。

那些过于专注现有客群的公司会自我麻痹，认为它们的品牌经营情况很好。我称之为核心客群陷阱。为什么核心客群反而是陷阱呢？主要有三个原因：第一，每个品牌都会面临客群的流失。所谓的品牌忠实消费者并不像你想象中那样忠诚。第二，如果你不持续地为品牌引入新消费者，你的业务规模就会缩小。向新消费者介绍你的品牌是你的职责，这就像逆水行舟，不进则退。第三，核心客群会给你一种虚假的安全感，因为他们往往喜欢你的品牌保持现状。

随着时间的推移，每个品牌都会积累一些消极联想，但这些消极联想很难在你的核心客群中看出来，只有通过监测那些进入潜在客群心中的消极联想，你才能发现潜在问题。通过理解这些消极联想的本质，你才能明白自己需要采取哪些措施来消除它们。

这是吸引新消费者的关键。

无论是你认为你的品牌本质上已经非常完美，不需要做任何改变，还是你认为向现有客群销售产品会更容易，最终的结果都是一样的——你重点关注现有的消费者，因此增长放缓。但大多数品牌并没有考虑到这一点。当他们发现增长正在放缓时，他们实际上可能会认为，这是因为他们没有充分满足现有的消费者。因此，许多人加大投入，希望他们现有的消费者能帮助品牌渡过难关。但这些品牌需要认识到的是，决定客户忠诚度的是品牌连接组的强弱。

真正的忠诚与激励的忠诚

2022年，各品牌在客户忠诚度计划、奖励政策和激励措施上总共花费了56亿美元，但如果它们花费了这么多钱，实际上只是为了"购买"消费者的忠诚，那这还能被称为忠诚吗？如果品牌必须用源源不断的奖励、忠诚度计划和其他经济激励留住消费者，这到底说明了消费者和品牌之间的关系是什么样的呢？消费者和品牌的联系只会在奖励存在的时候得以维持。如果忠诚如此脆弱，那么所有迹象都表明，这些品牌从未在消费者心中建立起足够强大且积极的品牌连接组。

随着时间的推移，依赖现有消费者的所谓忠诚度的品牌将从上面提到的这些努力中获得越来越低的回报，就像不停地挤压同一颗柠檬来制作柠檬水一样。这种忠诚即使存在，也只是一种脆弱的忠诚。确实，奖励计划可以让你的现有消费者不断复购，酒店业和航空业提供精心设计的忠诚奖励计划而闻名。同时，忠诚度也可以帮助品牌建立一个稳定的消费者基础，尤其是在品牌的早期阶段。但是，如果你过于依赖这样的计划来留住消费者，那么显然你的品牌连接组已经出现了问题。品牌如何知道这种情况是否已经发生了呢？如果你只能通过折扣来实现销售目标，那么很可能你已经走入了陷阱。

以新泽西州的百思买家居公司为例，该公司在 2023 年 4 月申请了破产。就像科尔百货一样，这个品牌在 20 世纪 90 年代和 21 世纪第一个十年初随处可见，后来却陷入了核心客群陷阱，无法逃脱。该公司没有优先考虑增长目标，也没有从竞争对手那里吸引新消费者，而是继续向现有消费者提供折扣和优惠券。该公司的优惠券计划变得如此重要，以至于这家公司提供的八折优惠的"蓝白小纸条"比它销售的家居用品更广为人知。

正如美国有线电视新闻网商业频道所描述的那样，这个优惠券计划是"标志性"的，是一个"流行文化的符号"。全国各地的消费者把这些优惠券囤积在钱包、手提包、橱柜和办公桌抽屉里。事实上，因为这些优惠券过于普遍，它们随着时间的推移几乎失去了价值。因为在 360 家百思买门店和 120 家百思买旗下婴儿用品专卖店买买宝贝里购物的消费者无论如何都会期待 20%的折扣。随着层层叠加的优惠，消费者逐渐失去了对百思买所售产品实际价值的认知。即使一些消费者继续光顾，许多其他消费者却找到了新的地方购买枕头、毛巾和窗帘。

线上零售的崛起和亚马逊的到来确实冲击了百思买的业务，

但如果我们认为仅仅是互联网杀死了这家公司，那就是无视事实了。其他的实体店如好市多和沃尔玛在百思买衰退的同时依然在吸引消费者。同时，其他零售商也在价格上击败了百思买。在失去了原有的20%折扣优势后，百思买的销售额在2012—2019年始终停滞不前。所谓的忠实消费者毫不犹豫地另寻他处。当公司申请破产时，它的资产为44亿美元，而债务为52亿美元。

2023年，百思买被奥弗斯托克以2150万美元的价格收购。对一个销售额为79亿美元的公司来说，这个价格相当于大甩卖。奥弗斯托克继承了百思买的品牌名称，并将整个运营转移到线上，将两家公司丰富的产品线结合起来，给百思买带来了重生的机会。如果百思买改变策略，不再对每种产品都打如此大的折扣，它就有机会生存下去，但这只有时间能够证明。尽管奥弗斯托克的首席执行官表示，他们将降低发放"蓝白小纸条"的频率，但其策略仍然过于依赖奖励和20%的折扣。因此，这个重获新生的品牌能否成功还有待观察。

如果你的品牌真的健康，你根本不需要这些忠诚激励计划。如果你的品牌连接组足够积极且强大，消费者就不会对优惠券上瘾，而会被你的品牌本身吸引。这才是真正的出于直觉的忠诚。换句话说，忠诚确实存在，但它可能不是你所想的那样。忠诚不是消费者对你的品牌有意识地奉献，也不是对所提供的服务或者产品在情感层面的热爱，更不是通过无休止地打折和发放奖励换来的结果。真正的忠诚是买不来的，它只能来自消费者大脑中真实存在的那个充满积极联想、庞大的品牌连接组。当消费者在自动驾驶模式下反复购买你的品牌时，他们和你的品牌的这种联系不需要任何激励维持——因为这是对你的品牌直觉选择。

直觉的忠诚源自庞大、健康、整体积极的品牌连接组。而通过激励、促销和奖励计划驱动的忠诚则是被购买、基于意识心理的忠诚。顶级管理咨询公司承诺帮助客户衡量和提升基于意识心理的客户忠诚度，并提出了 NPS 这样的概念，建立了数十亿美元的咨询业务。但实际上，它们无法做到这一点。尽管客户忠诚度被人们视为最古老且最被信奉的营销概念之一，但其实它基于一个错误的前提，因为客户忠诚度是脆弱的，既不牢固，也不是决定业务发展的关键。

客户忠诚度不代表转化

2003 年，贝恩公司的资深顾问及忠诚度专家弗雷德里克·F. 赖克尔德在一篇名为《你需要推动的唯一指标》的文章中声称，忠诚度会驱动收入的增长，而真正的忠诚度不仅体现在重复购买上，还包括忠实消费者作为品牌拥护者对其他消费者产生的影响。在文章中，赖克尔德向读者介绍了他为这一概念创建的衡量指标：NPS，即净推荐值。商业领袖迅速接受了忠诚度的概念，因为这个指标是直观的，同时，有了 NPS，他们终于获得了一种可以跨品牌、跨公司对比的方法。管理团队开始专注于提高自己品牌的这一指标。投资银行和私募股权公司在收购前进行尽职调查时，除了会使用常见的财务比率等指标，也开始使用 NPS 这个指标。

这个概念在《财富》500强公司的高层中被广泛采用。但这个指标的问题是，几乎没有证据表明NPS或客户忠诚度与业务增长切实相关。

早在20世纪60年代，安德鲁·埃伦伯格教授和弗兰克·巴斯教授就曾质疑过专注现有消费者的忠诚度对促进增长的有效性。2005年成立的南澳大利亚大学的埃伦伯格-巴斯研究所正是以他们的名字命名的。埃伦伯格和巴斯从数学的角度看待营销和品牌增长，与Triggers公司类似，他们挑战了许多被广泛接受的营销信念，并通过统计方法证明了要实现增长，品牌需要提高家庭渗透率，即购买特定产品或服务的家庭占总家庭的百分比。

尽管埃伦伯格和巴斯认为现有消费者对维持品牌的稳定有所帮助，但他们提醒人们，仅依靠忠诚度是无法实现增长的。事实上，他们挑战了整个关于忠诚度的概念，因为消费者不会反复购买一个品牌。消费者会在同一品类中选择多个品牌，这意味着即使你的品牌是首选，消费者在某些情况下也还是会选择其他品牌。如果有一天你的牙膏在货架上缺货了，你的消费者就可能会选择竞争对手的产品。埃伦伯格和巴斯认识到，唯一可靠的增长方式是专注寻找新的消费者群体。

家庭渗透率的提升会带来更高的收入和利润，品牌的市场份额也会增加，但忠诚度却不能带来同样的效果。类似于核心客群陷阱，埃伦伯格和巴斯描述了依赖现有消费者的三个问题。首先，每个品牌都会面临持续的消费者流失。即使是像汰渍和可口可乐这样拥有高客户忠诚度的品牌也无法避免这个问题。无论你的产品和服务多么出色，你都会面临消费者流失的问题。其次，每个品牌的忠实消费者的数量是有限的。重度消费者通常只占20%，中度消费者大约占30%，其余的则是轻度消费者。如果重度消费者仅占你的客群的20%（即便他们贡献了50%的销售额），那么你的客群相比世界上数百万的潜在消费者来说也非常小，依靠前者无法实现高速增长。最后，重度消费者已经购买了大量的你的产品——他们的需求已经饱和了。如果你销售的是洗发水，你不太可能让你的消费者一天洗好几次头发。

埃伦伯格-巴斯研究所认为，每年每个品牌都会流失50%的消费者。棕榄公司的前数据洞察与分析副总裁、现任市场营销教授埃莉丝·凯恩将这种情况描述为"漏桶效应"，要保持桶里始终装满水，你需要不断地以比漏水更快的速度往桶里加水。这意味着公司需要吸引新的消费者补充流失掉的消费者这50%的销量，才能使业务不下滑。而要实现增长，品牌则需要吸引更多消费者。如果每年有50%的消费者流失，你就必须找到大量新消费者来弥补这一损失。

新客群也意味着比现有客群大得多的销量来源。正如上面所讨论的，忠实消费者是你客群中最小的一部分，他们只能贡献很小一部分销售额。相对而言，数以百万计的从未用过你的产品和服务的人才是你的潜在客群。你应该关注你能够接触到的最大的客群，而不是最小的。这是简单的数学问题。你通过营销活动触达的人越多，你得到的回报就越多。这就是为什么你只能通过吸引尽可能多的消费者来实现大规模增长。无论你经营的是一家初创公司，还是一个大型传统品牌，想要获得大规模增长，你的首要目标是提高你的品牌的家庭渗透率，而不是客户忠诚度。

市场占有率高的大品牌的家庭渗透率与市场占有率低的小品牌的家庭渗透率之间存在着显著差异。例如，市场份额为15%~20%的品牌，其家庭渗透率会远高于市场份额只有2%的品牌。但高市场份额的品牌与低市场份额的品牌在客户忠诚度上的差异却非常小，这意味着客户忠诚度与市场份额之间几乎没有相关性，否则，我们会看到市场份额较高的品牌拥有更高的客户忠诚度。品牌就像在轮子上奔跑的仓鼠一样，一直在追逐客户忠诚度，但其实它们追错了指标。就像品牌的使命一样，客户忠诚度是一个营销干扰项；它并不能帮助你改善或扩大业务。

这是否意味着现有客群就不重要呢？当然不是。你绝对需要感谢你的核心客群，并尽一切努力留住每一位消费者。其实，当我们谈到消费者体验时，公司仅仅从核心客群那里获得高满意度是不够的。而且，即使你付出最大的努力，客户忠诚度的提升也会非常有限，并且这肯定不会转化为明显的业务增长。

优先考虑增长目标，而非发展核心业务

虽然你需要优化消费者体验以留住消费者，但你需要将更多的资源投入获取新消费者上，而这只有通过吸引潜在消费者才能实现。只有当这些潜在消费者对你的品牌建立了积极联想时，也就是他们大脑中有一个积极且强大的品牌连接组时，他们才会购买和使用你的产品和服务。正如我们之前所讨论的，大脑不断地建

立新的联想，同时也在遗忘旧的联想。人们的大脑都是这样工作的，无论他是你现有的消费者、竞争对手的消费者、完全没有购买你这类产品的消费者、已经流失的消费者，还是偶尔购买你的产品的消费者。如果你能够在现有消费者的心中建立起强大的品牌连接组，那么对其他任何人，你基本上也能做到这一点。

相比那些从未购买过你所在品类产品的消费者，竞争对手的消费者更容易争取，因为他们已经在购买这一类产品了。如果竞争对手的消费者没有选择你的品牌，那么显然在他们心中，你的品牌连接组比他们常用品牌的要小，而且可能里面还有一些消极联想。大多数人都会有一个经常买的品牌，但这并不意味着他们对这个品牌完全忠诚。想提升品牌的家庭渗透率，扩大市场份额，品牌需要成为消费者在这个品类里的几个习惯性选择中的一个。要实现这一点，你需要不断地审视你的品牌在目标消费者心中的形象，不断改进，消除障碍，并使你的品牌连接组更加庞大和积极。

举个例子，汰渍和第七代这两个品牌都以洗涤剂和清洁产品闻名，但它们的定位却截然不同：前者以强力和高效清洁著称，后者则以绿色环保为品牌核心。汰渍于1946年推出，是市场上最大的品牌之一，家庭渗透率约为49.3%。而成立于1988年的第七代的家庭渗透率不到汰渍的一半。然而，汰渍的家庭渗透率本可以更高，但要么是汰渍失去了更加关注环境问题的千禧一代和Z世代的年轻消费者，要么是它未能像吸引老一代消费者那样有效地吸引年青一代，总之汰渍未能实现更高的家庭渗透率。

第八章　突破核心客户圈层依赖

许多人会说，汰渍永远不会吸引追求绿色环保产品的消费者，同样，第七代也无法将汰渍的消费者转化为自己的消费者。然而，这些假设根本不成立。事实上，第七代的大多数消费者原本都选择了汰渍这样的主流品牌，这些消费者后来在各个品类的选择上逐渐转向了绿色环保的产品。如果汰渍能够克服这些偏好绿色环保产品的消费者心中因消极联想而产生的心理障碍，其家庭渗透率完全可以达到60%。同样，如果第七代能弄清楚到底是什么阻碍了更多的消费者离开汰渍等主流品牌而转向第七代，第七代就可以创造充满积极联想的宣传信息，压倒消极联想，并在目标消费者的心中提升其品牌连接组的显著性。

在汰渍的消费者的心中，第七代的品牌连接组可能包含了价格过高和效果不佳的联想。而在偏好绿色环保产品的千禧一代和Z世代的年轻消费者心中，汰渍的品牌连接组则充满了消极联想，比如刺激皮肤、对环境不友好，以及含有可能渗入体内、危害长期健康的化学物质。这些认知是否准确并不重要，重要的是它们带来的结果。如果第七代希望从汰渍手中争取消费者，他们只需用积极联想压倒汰渍用户对第七代的消极联想，并在他们壮大自己的品牌连接组。随着越来越多的人追求绿色环保，一些汰渍现有消费者很可能已经在其他领域转向了绿色产品，例如在全食超市购物和选择更健康的饮食。这种转型中的消费者正是第七代提高其家庭渗透率的理想的目标。

为了赢得竞争对手的消费者，第七代必须消除他们的每一个心理障碍，同时要避免在无意中强化这些障碍。汰渍的千禧一代和 Z 世代的年轻消费者或许在饮食上已经倾向了绿色产品，但在清洁产品的选择上仍未跨出这一步。他们担心第七代无法将衣物清洗得像汰渍那样洁净，他们害怕衣物不再洁白如新，担心细菌会藏在裤脚里。想要争取这些消费者，第七代需要说服他们自己的品牌在清洁效果上毫不逊色于汰渍。目前，第七代宣传的口号是"有使命感的清洁"，但使命不应该是品牌传递出的主要甚至唯一的信息（值得注意的是，第七代是联合利华旗下的品牌）。

通过争取汰渍的客群，第七代可以解决消费者流失的问题。汰渍的家庭渗透率接近 50%，拥有庞大的客群。而从最大的竞争对手那里争取消费者的收益最高，因为他们也在流失消费者，这意味着你有更多的消费者可以争取。如果第七代能够说服哪怕 5% 的汰渍消费者选择自己的品牌，那将是一个巨大的胜利。但要证明第七代的产品与汰渍一样有效，第七代需要在宣传中体现自己的清洁效果和品牌的专业性。目前，品牌清楚地说明了自己的产品中没有使用哪些对环境有害的成分，但对实际使用了什么成分却描述得不够明确。为了吸引汰渍的消费者，第七代可以用一个故事来讲解其产品的作用机制，解释自己的配方如何清洁衣物。本质上，它必须传达它的清洁能力不亚于甚至优于汰渍的信息。需要注意的是，这种信息传递并不会改变其品牌的核心，只是强调了产品的一个被忽视的方面。

在这个过程中，第七代可以向其增长目标（主流清洁用品消费者）展示，他们无须做出任何妥协，就既能获得同样的清洁效果，又能使用更绿色环保的产品。如果第七代持续在竞争对手的消费者的心中构建其品牌连接组，不知道会吸引多少新的消费者。请记住，一切都是为了增长。品牌连接组越强大，消费者就越广；消费者越广，市场渗透率就越高；市场渗透率越高，品牌的市场份额和收入提升得就越快。

尽管商界仍有许多人认为客户忠诚度是实现增长的路径，但这一流行观点开始显露出破绽。根据贝恩公司对全球近十万名消费者的分析，试图培养会随着时间推移购买更多产品或服务的忠实消费者是徒劳的。相反，他们解释："成功的品牌遵循一个简单的法则，即提高家庭渗透率。"

健康的品牌是不细分市场的

归根结底，品牌只有两个重要的消费者群体：你的核心消费者和你的增长目标消费者，也就是那些已经购买过你产品的人和那些还没有（至少目前还没有）购买过的人。但大多数营销人员不会同意这一点，相反，他们相信应该尽可能细致地划分品牌的消费者。这种市场细分的方法是当今最热门的研究领域和营销技术之一，但这种方法收效甚微。尽管几乎没有证据表明更细致地划分消费者能带来更多的增长，但咨询和研究公司仍然年复一年地以数十万美元的价格将这种方案卖给企业。

将不同的标签分配给具有不同特征的细分市场并无帮助。创建一堆诸如"喜欢编织的南希"或"喜欢慢跑的乔"这样的用户画像，也不能在你试图吸引更多的消费者来扩大业务时提供有用的洞察。此外，如果你将消费者划分得越来越细致，你将永远没有足够的资源针对每个细分市场分别进行营销。即便是《财富》100强公司，最多也只能针对一到两个目标消费者进行独立的营销活动。

细分理论的一个观点是，在这个日益分裂的世界里，人们之间的极端对立使同一个信息无法同时适用于多个消费者。然而，如果从直觉的角度来看，我们对此的理解则会大不相同。从内在来看，人们比我们想象得要相似得多。他们对品牌的记忆和对家庭和未来的幻想惊人地相似。这意味着，最强大的理念是普适的，因此品牌的信息传递也应该是普适的。一个强大、健康的品牌是一个在消费者心中具有一致性的品牌，它应当能在不同的人群中引发相同的联想。因此，如果你发现自己有将消费者过于细分的倾向，或是有把宣传预算分配到多个小而细分的市场的趋势，那么请你小心。当你过度细分目标消费者，并为每个细分市场定制信息时，你的品牌会开始瓦解。当你的品牌对不同的人意味着不同的东西时，它就不再是一个真正的品牌了，而且你在这个过程中还会花费大量的金钱。

最显著的品牌能在新老消费者的心中引起相似的联想。所以你需要问的问题不是"我们的消费者有何不同？"，而是"我们的消费者有何相同之处？"。在某些情况下，为特定的消费者定制信息是有意义的。但更多的时候，集中有限的资源，并通过尽可能多的渠道向人们传达一个普适的信息，会更有效，也更容易。

即使在人们认为截然不同的细分市场中，你也可以找到普适的信息。例如，从政治民调结果来看，民主党和共和党在从军事开支到社会问题的所有方面似乎都有截然相反的观点。然而，在一个偏向民主党的州进行的一项实验反映了一个有趣的现象，当人们在选票上的候选人名字旁边标注上"R"（代表共和党）时，这位候选人的得票率会下降5~20个百分点。但是，在候选人的政治主张完全相同的情况下，如果在同样的名字旁边标注"D"（代表民主党），结果则相反——候选人的得票率会增加5~20个百分点。这表明，尽管人们在政治上存在明显分歧，但仍然存在一些普适的信息（候选人政治主张），这些信息可以被所有人接受。传播这些信息关键在于如何建立正确的联想，使其能够被不同立场的人接受。

为了实现最大化增长，品牌需要集中精力，争取自己的增长目标消费者，而不是将自己的消费者和信息碎片化。事实上，你用来提升品牌影响力并吸引增长目标消费者的信息，同样有助于维持品牌现有的消费者。如果你坚持细分市场的做法，那么你会忽略真正需要做的事情：提高家庭渗透率。相反，你会陷入与各种不同消费者进行全天候对话的泥潭，将他们切分成越来越小的细分市场，最终偏离了争取增长目标消费者和维持现有消费者这一真正的目标。而后者才是最大化业绩增长和扩大品牌规模最快、最有效的途径。

每年，有高达75%的首席营销官表示他们计划将产品出售给现有消费者。显然，许多领导者有根深蒂固的担忧，认为吸引新消费者，尤其是竞争对手的消费者进入自己的品牌是困难的，甚至是不可能的。所以他们始终保持原有路线，从不偏离，专注于核心消费者，并不断增加激励措施以保持现有消费者的忠诚度。但你是无法从石头中榨出血来的。无论你怎样做，随着时间的推移，消费者还是会流失。就像是给一个漏水的桶里注水一样，如果你不源源不断地往桶里注水，很快它就会干涸。增长必须来自某个地方，而保持满水状态的唯一方法是将大部分营销资源投入新消费者的获取上，而不是用来维护现有的消费者。为了有效地转化你的增长目标消费者，你必须消除他们心中的障碍并满足他们的需求，而这些需求可能与现有消费者的有所不同。你可能会试图不断地寻找与现有消费者具有相同特征的新消费者，但这是徒劳的，因为这些消费者的数量不够多。如果你只有一美元的预算，那你应当把它用在最庞大的潜在消费者群体上，因为这样会带来最大的回报。

　　你知道吗？当你为了增长目标消费者而提升品牌影响力时，你会得到一个意想不到的收获——现有消费者会感到自己的选择是正确的，因此在使用你的品牌时会更加自豪，消费者流失率也有所下降，毕竟，他们一直以来的选择都是正确的。这就是站在直觉的角度运营品牌的美妙之处。对增长目标消费者有益的事情，最终也会对核心消费者有益，而这些积极的效果会相互叠加，带来双重增长。你的品牌就像一株得到充分灌溉的植物，会向着多个方向茁壮地成长。

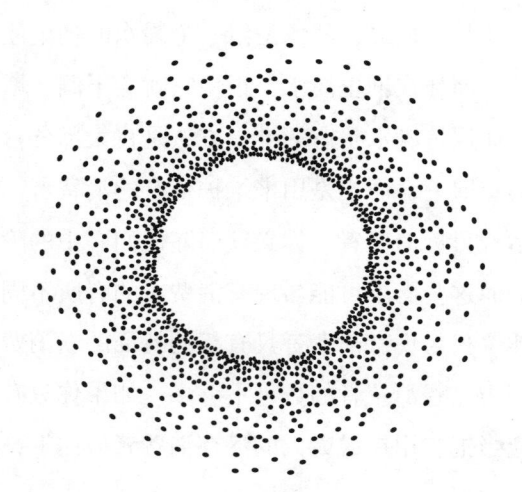

CHAPTER NINE

第九章

逃离营销漏斗

让顾客买了又买的法则

打破营销漏斗的局限,迅速成功打造你的品牌。

美国真正的智慧在于，对人民朴素的梦想抱有坚定的信仰，对微小的奇迹保持执着的坚持。晚上安顿孩子睡觉的时候，我们知道他们不会为衣食所累，不必为安全担忧。我们可以畅所欲言，而不必担心引祸上身。我们有想法时，可以直接创业，而不需要行贿或是雇用谁的子女作为筹码。我们可以参政议政，不必担心打击报复。我们的选票至关重要，至少在多数情况下，都是如此。

然而，当下有一些人准备分裂我们——那些操控舆论的高手和散播负面消息的人，他们毫无底线。今晚，我要对他们说，没有自由派的美国和保守派的美国之分——只有美利坚合众国。没有白人和黑人之分，也没有拉丁裔和亚裔之分——只有美利坚合众国的公民。

当奥巴马第一次讲出上面这些令人难忘的话时，他还不是美国第44任总统——事实上，那时他离这个职位还很遥远。2004年7月27日，在马萨诸塞州波士顿举行的民主党全国代表大会上，一个名不见经传的伊利诺伊州参议员走上演讲台发表主旨演讲。当时，他在全国的知名度几乎为零。除非你住在芝加哥的南边，否则你大脑里大概根本不会有奥巴马的品牌连接组——没有根基，没有分支，没有叶子，也没有树冠。但是如果你看了这次的演讲，他站上那个演讲台后，他的品牌连接组就从一个贫瘠土壤里的小小种子长成了一棵参天大树，而这一切都在那16分钟的演讲里完成了。

　　站在演讲台上，他看着提词器——在这个夏天之前他还从未用过这样的设备——开始表达感谢。他说道："今晚（的演讲）对我来说是一份特别的荣誉，因为说实话，我站在这个演讲台上似乎是一件不可能的事。"接着，他讲述了自己的身世——他的父亲在肯尼亚长大，小时候在一个铁皮屋顶的棚屋上学，以放羊为生；他的母亲在堪萨斯州长大，始终坚信美国有着无限的可能性和发展潜力。当奥巴马谈到这个国家的伟大时，他引用了《独立宣言》中那句著名的话："人人生而平等。"而这一主题也贯穿了他的整个演讲。

　　在他的演讲中，他不仅是在对那晚坐在舰队中心体育馆观众席上的民主党人讲话，也是在对所有在家中看电视的持有不同政治立场的观众讲话。尽管表面上看上去他是在为约翰·克里拉票，但演讲的大部分内容却阐述了年轻的奥巴马的哲学和价值观，而这些内容最终在4年后成了他的总统竞选纲领。这些内容不仅不是典型的民主党的观点，也不是共和党的论调。它们经过专门的设计，旨在尽可能广泛地吸引选民。

观众就像在看网球比赛，看他同时回应着两个党派各自关心的问题。他主张既不过度依赖政府解决问题，也要确保所有人都有机会，无论他们来自哪里，肤色如何；既做好开战的准备并在国外击败敌人，也要在国内提供医疗保障；既支持宪法自由，也寻求能源独立。他融合了各方关切的议题方式，并用一句话将演讲推向了高潮："评论家们喜欢把我们的国家划分为红州和蓝州；红州代表共和党，蓝州代表民主党。但我也有话想告诉他们。在蓝州，我们也信奉万能的主；在红州，我们也反对联邦特工在图书馆里搜集情报。在蓝州，我们会指导少年棒球联盟；在红州，我们也有同性恋的朋友。在我们的爱国者中，有人反对伊拉克战争，也有人支持它。我们是一个国家的公民，所有人都宣誓效忠于星条旗，所有人都在捍卫美利坚合众国。"

他的演讲传达的是关于美国的信息，其中充满了跨越性别、年龄、种族和地区的具有普遍性的增长触发点。他谈到自己在小城镇和大城市里遇到的人、在退伍军人协会会堂和城市街道上遇到的人、中产阶级家庭和工薪家庭的人，还有退伍军人和爱国者。所有这些内容都以"希望"为主题贯穿始终，而这也在后来的几年里成为他的政治口号。在那十几分钟的演讲中，他向人们传递的积极联想不胜枚举。那天晚上，当他走下演讲台时，关于奥巴马未来可能成为美国总统的讨论已经悄然兴起。

在当晚美国全国广播公司的《硬球》节目中,安德烈亚·米切尔称奥巴马为"真正的突破"和"摇滚明星",而克里斯·马修斯则犀利地指出:"我看到了第一位黑人总统。"曾与奥巴马共事并且演讲当晚也在台上的著名民主党政治顾问凯文·兰普对此表示认同:"我与我邻州的参议员一起走上演讲台,与未来的美国民主党总统一起走下演讲台。"就在那一刻,奥巴马启动了他的总统竞选活动,巧妙地将自己定位为能够吸引中间派、独立选民和关键的摇摆州选民的总统候选人。

那场演讲成就了奥巴马。他像烟花秀的压轴表演一样闯入了政治舞台,他的品牌连接组深深地扎根于每个观众的神经网络中。这场演讲是如此令人难以忘怀,以至于你无法对它视而不见,充耳不闻。在那一刻,奥巴马超越了所有潜在的候选人,他的品牌连接组比其他任何人的都更强大。他的品牌影响力大幅提升,让他成为4年后总统初选中的实力候选人。奥巴马之所以能够脱颖而出,并不是因为他独一无二,而是因为他将他的品牌与右翼、左翼和中间派所关心的各种问题、价值观和理想紧密地联系了起来。通过这种方式,他在每个人的心中都扩大了自己的影响力。他在一夜之间建立了自己的品牌,在短短几分钟内就大幅提升了品牌的辨识度和显著性。

请不要误会,这不是一份政治声明,也不是在认同或反对奥巴马在任期间所提出的政策。无论你是否喜爱奥巴马,无论你是否投票给他,无论你是共和党人还是民主党人,是左翼、右翼还是中间派,这些都无关紧要。他的演讲是一堂打破传统营销规则的卓越的直觉营销课程。他和他的团队在短短几分钟内取得的辉煌成就，以及在那之后持续取得的成功，是一堂教授我们如何在很短的时间内发展品牌连接组的大师级课程。

奥巴马在随后的 4 年中持续不断地构建他的品牌连接组。他多次出现在热门的电视节目中。他在《司徒囧每日秀》上讨论现代政治问题，在《大卫·莱特曼深夜秀》上朗读"十大搞笑新闻"，并在《奥普拉秀》中推广同理心的理念。在每一次的亮相中，他都以一种罕见的和谐感，将轻松、幽默、魅力与自己对国家和世界问题的严肃见解完美地结合在一起。

通过出现在这些节目中，奥巴马将自己的品牌与人们每天观看的心爱节目联系起来，这一点同样重要。许多人会认为，这些节目是"我们的节目"，于是奥巴马在人们心中就成了"我们的"候选人。因此，奥巴马的品牌连接组开始变得与流行文化密不可分。他参加这些节目时，也借助了这些节目的品牌连接组，对他的竞选进行背书。《司徒囧每日秀》在年轻观众里很受欢迎，《大卫·莱特曼深夜秀》则已经播出了将近 25 年，而《奥普拉秀》有数量庞大的日间观众。人们不仅看到了作为总统候选人的奥巴马，还看到了作为普通人的奥巴马。当人们看到他在竞选途中打篮球，在当地酒吧喝啤酒，甚至偶尔偷抽一支烟时，他的人性魅力都得到了进一步强化。

但他所有的成功都是从那次演讲开始的。

谈到政治时，人们的大脑总是试图将候选人分为左翼或右翼。

人们基于候选人的外貌、背景、论点和打扮,迅速做出判断——他们要么是民主党人,要么是共和党人。这会立即把你的支持者限制在选民人数的一半以内。尽管奥巴马以民主党人的身份参选,但他抗拒被这样简单地分类。虽然他可能从未真正将坚定的共和党人拉到他这边(当然他也不需要这样做),但通过讨论各个政治派别都关心的问题,他让温和派的共和党人和独立选民无法轻易将他归入任何一个阵营。这使他达到了一种难以企及的政治高度——温和的中间派。这正是许多选民一直渴望的候选人,只是这样的人之前从未出现过。人们的大脑就像在观看网球比赛,从政治派系的这端审视到那端,然后目光再次回到中间。人们没有更好的选择,他们不得不将奥巴马视为"最佳人选",是新颖而与众不同的候选人。

他是鼓舞人心的,是真实的;他在割裂的时代呼吁团结,为未来带来希望。这次演讲使他逆势崛起。大多数政治人物都需要几十年时间来发展他们的品牌连接组,并在公众中获得广泛知名度,从而在选举中获得巨大的优势。但是奥巴马却是突然崛起的。他不来自任何像肯尼迪或布什家族这样一代代建立起家族名望的政治世家。他无法享受世袭的品牌带来的优势,也无法享有在任优势。他只是个初出茅庐的新人。

通过快速地向观众灌输正确而积极的联想,你可以在一夜之间培育出一个庞大的品牌连接组。这些信息的高速冲击突破了大脑无意识心理的障碍,让你的品牌连接组进入超速增长的状态,就好像大脑负责储存记忆的部分被施用了生长素一样。这正是奥巴马在那次演讲中所做的。希望、平等、自由、历史、共享成功、美国的力量与自豪、安全、和平、坚持和移民的成功故事等积极联想全都涌现出来，他传达的不是一个单一的"伟大的理念"，而是同时传达了多个理念。而且，他刻意避开了容易让共和党人反感的话题，比如基础设施项目、刺激经济（即刺激消费的委婉说法）和活宪法主义等。尽管奥巴马在演讲中多次提到约翰·克里，但观众听到的却全是这些积极联想，并将它们与奥巴马联系在一起。这些联想持续了多年——有些人甚至认为它们至今仍然存在。

　　在某种程度上，奥巴马是终极颠覆者品牌。他将普适的语言触发点与他富有魅力的个性、亲切随和的风度和直言不讳的个人风格相结合，从混乱局面中突出重围。他创造了大量与人们日常生活紧密相关的积极联想。同时，他利用流行文化人物的品牌连接组，传递了一个强有力、统领全局、蕴含着许多增长触发点的信息——无畏的希望。这些积极联想一夜之间就加速了奥巴马品牌连接组的扩展。这是有可能的，却十分罕见。因为大多数候选人不像奥巴马那样，会同时运用这么多新的营销规则，借助人们的直觉反应赢得优势。

　　奥巴马颠覆了传统的营销漏斗理论。这是一种一百多年前人们构思出来的分阶段营销框架。根据营销漏斗理论，人们选择你的品牌前会经历一系列固定的阶段，在这些阶段中他们会有意识地决定选择还是不选择这个品牌。但营销漏斗这一概念出现时，人们对大脑如何实际做出决策还一无所知。当时，人们还认为大脑像数据处理器那样按部就班地工作，而营销漏斗则是基于这样的理解而被提出的理论。

然而，我们现在知道，品牌连接组是通过各类联想自然生长的，这意味着让别人选择你的产品、事业或理念不需要经历营销漏斗中提出的多阶段过程。品牌连接组可以在观众的大脑中随时生长，因为这个过程不是按顺序进行的，也不需要经历多个阶段。尽管一个品牌连接组的开发可能会需要多年，但正如奥巴马所展示的那样，你也可以一夜之间构建出一整套高速发展的神经网络系统。这意味着，如果你能够掌握基于直觉的营销技巧，你就根本不需要按照营销漏斗的步骤来赢得认可。

被跳过的营销漏斗

广告主管 E. 圣埃尔莫·刘易斯在 1898 年提出了营销漏斗的概念。作为最早的营销理论之一，营销漏斗理论几乎被商业世界的每个市场、销售和媒体部门奉为经典。尽管营销漏斗存在多种变体，但它基本包含五个阶段：认知、兴趣、欲望或考虑、行动或转化，以及忠诚或倡导，营销漏斗也常被简化为认知、考虑、转化和忠诚。在商业世界中，大多数人都被教导要按照这个漏斗规定的顺序逐步推进营销。

漏斗顶部最宽的部分代表认知阶段，之后，随着消费者逐步了解和接触品牌，漏斗逐渐变窄，从认知阶段转变为选择并支持你的品牌，这也就是漏斗底端代表的忠诚或倡导阶段。每个阶段人们都需要不同的营销技巧，每个阶段人们都要下一个阶段做好准备，以便让潜在用户顺利通过漏斗。

举例来说，认知阶段可能会涉及很多触达用户的技巧，比如电视广告、数字广告、社交媒体和搜索引擎优化。在兴趣阶段，营销人员可以使用更直接、详细的用户沟通方式，例如发送电子邮件或新闻通讯，通过实时聊天回答问题，向目标客户展示实际效果和成功的案例，等等。在欲望或考虑阶段，营销人员可以实地或通过视频演示产品或服务，也可以以表格的形式展示与竞品的对比数据。在行动或转化阶段——有时也叫"试用"阶段——可以通过发放折扣、样品、优惠券和独立广告页等促销方式来刺激转化。最后，在忠诚或倡导阶段，营销人员可能会通过客户忠诚度计划来实现最后一步——尽管如前所述，过度依赖这些忠诚计划可能会使品牌长期处于不稳定的境地。

营销人员认为，如果消费者已经听说过某个品牌（认知阶段），他们在兴趣阶段就更有可能对品牌进行研究或听取与品牌相关的信息。接着，在欲望或考虑阶段，他们对品牌的了解就会逐步加深，以此类推。然而，营销漏斗理论没有考虑到消费者的直觉层面实际发生的变化——品牌连接组的生长和壮大。当人们了解到一个品牌的新的信息时，与品牌有关的联想就会被添加到你大脑的神经通路中。如果你的品牌能够一下子提供足够多的积极联想，那么这些神经通路或分支就会向不同的方向延伸，一夜之间形成一个强大的神经网络。

当你品牌的连接组充分生长，拥有比竞争对手的品牌连接组更广泛的物理足迹和更多的积极联想时,消费者就已经准备好要选择你的品牌了,他们会采取行动,购买你的产品。当你品牌的连接组成为一棵高耸入云的大树,树冠遮蔽了整个森林的时候,你的品牌就自动成了消费者的首选。而这个过程与任何阶段都没有关系。

消费者的实际决策过程不是线性的,因为我们的大脑不是线性运作的。人们不会按照某种理性的线性模型或顺序做决定,但是,我们很容易理解为什么营销漏斗的概念会变得流行。将消费者的决策过程分解成不同阶段给了营销人员一种管理这个过程的方法,更重要的是,它提供了一种衡量各阶段营销效果的方法——至少他们是这样认为的。但其实,衡量决策过程的各个阶段不会让你的目标消费者更倾向于选择你的品牌。而且,这种传统的逐步推进的方式,就像等待水壶烧开一样,要花费很长时间。这也导致品牌的领导者会在促销和其他营销方法上花费过多资金,但无法保证效果。

如果你对这种缓慢积累和转化消费者的速度感到满意——这个过程可能需要六个月到一年甚至更久——那就请继续这样做吧,但我猜大多数人都希望消费者尽快通过这个漏斗,希望他们从认知到忠诚只需几分钟、几天或几周,而不是几个月、几年或几十年。坦白讲,品牌可能会尽一切努力来加快获取和转化消费者的速度。当我们从连接消费者直觉思维的角度出发,去传播与品牌有关的积极联想,并建立品牌连接组时,营销漏斗理论就变得过时了。

正如你所知道的，说服任何人——无论是消费者还是企业客户——去接受任何事几乎都是不可能的，这就是为什么人们通过漏斗需要花费这么长时间。漏斗的每个阶段的营销技巧都是为了不断地推动、拉拽和敲打消费者脑中的大门，直到它们被勉强打开——如果它们真的会打开。简而言之，面对顽固不化的大脑，你需要花费大量精力将潜在消费者推进漏斗并将其转化为忠实消费者。但一旦了解正确的认知捷径，你就可以利用目标消费者脑海中已有的记忆，并在此基础上添加与你品牌有关的积极联想，让你品牌的连接组迅速长出新的根系和枝干。这过程就像一段延时摄影——种子在几秒钟内就长成一片繁茂的雨林。

本质上，你可以跳过营销漏斗，但你永远不会听到任何营销界人士公开承认这一点，但事实的确如此。如果营销漏斗是一个不可避免的过程，那么每家公司都会经历同样的过程，但事实并非如此。从一美元剃须俱乐部到凯斯帕睡眠，这些利用数字技术的新型企业似乎一夜之间就建立了它们的业务。这是因为品牌不必在消费者的大脑中经历这些决策步骤。通过利用大脑天然的工作机制，你可以摒弃这种过时的漏斗策略，就像奥巴马一样，在极短的时间内从无名小卒变成全球瞩目的焦点。

最大的竞争对手等于最多的客户

直营公司往往比许多顶级的《财富》500强公司更能有效地利用增长触发点。这可能是因为它们的营销人员从未学习过传统的营销规则。《财富》500强公司的营销部门更有可能为员工提供经典的营销培训。在很多情况下，比拥有雄厚的资金更有价值的是，将合适的内容与能够引发消费者联想的线索匹配起来。当品牌传播的内容充满增长触发点时，它就会自然地创造出大量的积极联想。它可以绕过理性思维和通过营销手段刻意设计出来的情感共鸣，并通过多层次的主题和丰富的联想直接进入直觉思维中。通过利用大脑的捷径，你可以加速客户转化过程，而不需要经历营销漏斗理论的各阶段。你不需要花很多钱来推动增长，你需要的只是使用恰当的内容来强化你品牌的宣传效果。

加速客户转化过程最好的例子之一就是一美元剃须俱乐部的成功。2012年，一美元剃须俱乐部发布了一个优兔视频，当时，就连公司创始人兼首席执行官迈克尔·杜宾都不知道接下来会发生什么。这段拍摄了作为公司代言人的杜宾的视频迅速走红，那天他们的网站由于流量过大而崩溃。在接下来的两天里，他们收到了1.2万份订单；那一年一美元剃须俱乐部的收入达到了350万美元；4年后，这个数字飙升到了2.25亿美元。那时，联合利华以10亿美元收购了一美元剃须俱乐部——这个品牌成了独角兽企业。2012年那段简单的视频甚至没有在电视上播放。视频由杜宾和一个多年前与他一起参加即兴表演活动的朋友完成，制作成本仅4500美元，拍摄也只用了一天。

杜宾的演技在其中大放异彩。他面无表情地经过一系列滑稽可笑的场景，这些场景看似好笑，但其实都与产品紧密相关。他一边宣扬自己产品的优点，一边讽刺主要的竞争对手。但这段视频成功的原因不仅是因为"有趣"，也不仅是因为直营品牌的主要客群是千禧一代。真正的原因是杜宾在视频中迅速抛出的一连串的增长触发点。他利用观众大脑中的积极联想，缔造了一个庞大的品牌连接组。

作为一家直营公司，一美元剃须俱乐部始终坚持低价，这一点体现在他们"节省时间，节省钱"的口号里。但这只是这家公司传递的一部分信息。钢制的剃须刀和带有芦荟润滑条（用于在剃须过程中润滑皮肤）的设计向观众展示了产品的高品质和卓越的效果，而那句"超级棒"的广告词则进一步强化了这一点。在另一幕里，一个小孩子为一个成年男性剃头的场景则展现了这个品牌温馨的一面。在广告中，品牌还宣传了其送货上门的便利性。简约的理念始终贯穿于品牌所传递的信息之中。当像吉列和舒适这样的大品牌不停地增加更多的刀片和功能时，一美元剃须俱乐部则专注于回归基础。杜宾在视频中问道："你觉得你的剃须刀需要一个震动手柄、一个手电筒、一个痒痒挠和十个刀片吗？"当他提到"你那帅气的祖父只用一个刀片就能轻松剃须……而且他还得了小儿麻痹症"时，他甚至又为品牌添加了一层家庭传承的厚重感。在视频中，工人出镜时说"我们不仅在卖剃须刀，我们也在创造新的就业机会"，这一点体现了品牌的价值观和使命感，也不容忽视。

有一部分视频是在看起来像杜宾位于地下室的办公室里拍摄

的，然后他从办公室走到了仓库。这与消费者想象中的剃须刀行业巨头——那些在闪闪发光却死气沉沉、毫无个性的摩天大楼里办公的企业——大相径庭。一美元剃须俱乐部的视频充满个性，增长触发点一个接一个密集地出现。广告里这个充满创业精神的极简品牌世界，成了品牌极简策略的完美背景。一美元剃须俱乐部与竞争对手形成了鲜明的对比，前者低成本、高质量，还可以送货上门。而且，杜宾在广告里幽默地讽刺了行业里的老牌巨头。通过这种对比，一美元剃须俱乐部打破了传统的漏斗模式，在短短一分三十三秒的视频里，吸引了一批忠实的消费者。

通过向吉列等主要竞争对手的品牌连接组上添加负面的联想，一美元剃须俱乐部的品牌树变得更加庞大和强大，而竞争对手的品牌树则变得不那么健康了，就好像一美元剃须俱乐部的小树冠遮住了吉列的庞大树冠，抢走了阳光一样。一美元剃须俱乐部品牌连接组的根系迅速生长，吸收了吉列的水分和养分。消费者不需要剃须刀上各种花哨的功能，也不应该为吉列那闪闪发光的办公大楼支付过高的溢价。他们虽然之前的确为此买过单，但这并不是他们有意做出的选择。当观众看到这种极端对比的时候，他们神经元的突触被激活，大脑被点亮，直觉驱使着他们选择一美元剃须俱乐部。

在这个过程中，一美元剃须俱乐部从吉列和舒适等主要竞争对手那里夺取了市场份额，要知道，这两个品牌是当时剃须刀市场中的头部品牌。一些外部观察者可能认为，一美元剃须俱乐部应该专注于与其他同规模的品牌竞争才更有利。但这完全是一个本末倒置的策略，不仅不会成功，反而会导致失败。如果你是一家初创公司或规模较小的公司，你的资源通常是有限的。这意味着你的焦点应该放在那些拥有大量消费者的竞争对手身上，而非小规模的竞争对手。请试想一下，如果你只有一美元的营销预算，那么你认为这些钱是用来与只有几百名消费者的小公司竞争更好，还是用来与拥有几千名消费者的大公司竞争更好呢？答案显然是后者。这是简单的数学问题。专注于与大品牌竞争会让你的营销投入获得更高的回报率，而不是把有限的资金用在与一个较小的品牌竞争上。

最大的竞争对手拥有最多的消费者供你争取。尤其当你的公司规模较小或刚刚起步时，你需要迅速削弱竞争对手，并实现增长目标。如果操作得当，这一策略将使你在短时间内取得巨大进展。一美元剃须俱乐部的成功展示了如何在提高品牌知名度的同时，说服人们从主要竞争对手那里转而投向你的品牌。以此类推，如果小型初创公司可以使用这种方法获得增长，那么成熟的知名品牌也可以采用，从而挖掘其尚未开发的增长潜力。

比喻与幽默的认知黏附力

营销中最大的误区之一，是认为人们现有的行为很难改变。这是因为营销人员习惯于通过说服或是促销这种基于意识心理的营销手段改变人们的行为。即使是像脸书或汰渍这样拥有高客户忠诚度的品牌，也有可能会被取代。这就是为什么我们经常会看到，小型的直营品牌能够从看似坚不可摧的大品牌手中夺取市场份额。当你知道如何改变品牌连接组时，你就可以在短时间内改变人们哪怕最顽固的行为和想法，无论是否戒烟，持什么政治观点，还是忠于哪个品牌。与其强迫消费者经过一层层营销漏斗，不如利用他们现有的联想和记忆，加速消除他们心中的抵触情绪。在这个过程中，使用比喻和幽默这两个强有力的工具，可以帮你达到想要的效果。

比喻

比喻能够迅速而有效地改变人们根深蒂固的观念和行为，就像迈克尔·乔丹的扣篮一样，一击即中。通过在信息传递的过程中运用比喻，你就可以用积极的联想"轰炸"你的观众，提升你的品牌影响力。比喻是利用人们已有的记忆间接地影响他们的思维，是非常有效的增长触发点。比喻能快速改变人们的观念，甚至在一瞬间就能转变人们的想法。比喻利用现有的神经通路，或创造新的神经通路，使这些通路成为大脑中互相关联的神经网络的一部分。

比喻之所以如此奏效，是因为用来打比方的东西本身就易于理解，可以用来帮助大脑去理解更复杂的概念。请记住，我们的大脑是懒惰的，大脑不喜欢费力思考。比喻可以让大脑不必努力工作，而是通过一个熟悉的概念来理解另一个概念。在使用比喻的过程中，你的品牌就与人们脑海中已有的概念建立了新的联系。

最有效的比喻是用那些很常见的东西，或是行业内众所周知的东西去类比，因为这会让大脑更容易理解新的概念。尽管有些人可能认为比喻这个方法有点陈旧，但请记住，人们喜欢熟悉的东西。使用常见的比喻比使用晦涩的要好。例如，如果我说一家公司的成长历程和"泰坦尼克"号一样，那么你能很容易地理解我想表达的意思。但如果我说，一家公司的成长历程就像2022年在苏必利尔湖发现的沉船"巴吉129"号一样，这个比喻就不会产生同样的效果。同样，本节开头的比喻借用了迈克尔·乔丹，因为他称得上是有史以来最伟大的NBA球员，他的扣篮能力举世闻名。如果本节的开头是"比喻能够迅速而有效地改变人们根深蒂固的观念和行为，就像凯文·马丁在比赛中投出的最佳冰壶一样，正中靶心"，那么除非你是狂热的冰壶迷，否则你可能会感到一头雾水（我没有冒犯"老熊"凯文·马丁的意思，他是加拿大有史以来最伟大的男性冰壶运动员）。

比喻之所以有着强大的力量，是因为它们能够引发超越语言的认知过程，触及观众的内心中的图景，包括图像、声音、感觉和气味。比如，盛放的花朵的图案可以比喻个人成长和发挥潜力的过程；船帆在风中猎猎作响的声音可以比喻自由或者旅行；热红酒的香气则会让人联想到秋天。比喻的力量不仅体现在消费品领域，在其他各个行业中也都得到了很好的彰显。

在美国，医疗系统的巨大开销很大程度上是患者未能遵守治疗方案所致。换句话说，并不是每个患者都会按规定的时间、方式和剂量服用药物，也不是每个人都会遵循医生的建议。在美国，每年因不遵守用药规定而住院的人数占到总住院人数的 25%，这还可能会导致高达 12.5 万例的死亡和 50% 的治疗失败率。在慢性病患者中，只有大约 50% 的药物是按规定服用的。在哮喘或慢性阻塞性肺疾病患者中，按照医嘱用药的患者比例是 78%~22%。令人难以置信的是，即使在像癌症这样生死攸关的疾病类别中，这个比例也未达到应有的水平。

让我们面对现实吧，人们就是不喜欢吃药。患者对吃药有心理负担是一个真实存在的问题。在当下这个时代，人们更加注重自然健康、不含有化学添加成分的饮食，那么患者不愿意按时服药也就不足为奇了。但是，这里有两个问题：首先，对一些患者来说，严格按医嘱服药对健康至关重要；其次，不遵从医嘱服药的代价很高，这每年会给纳税人和整个医疗保健系统造成 5484 亿美元的损失。

为了改变这种行为，医学界、医疗行业和大型咨询公司几乎尝试了所有方法。从让护士和医生教育患者并让他们观看视频，到警告患者，请患者上提醒吃药的闹钟，给药瓶上贴纸并写上服用信息，等等，各种方法层出不穷。有关风险沟通干预的研究（这类研究旨在通过各种沟通策略和干预措施，改善人们对风险的理解和行为，从而减轻风险或不良后果）超过 115 项，涉及的参与者超过 3.4 万名。但研究结果显示，沟通干预很少有显著的效果。

总体来说，这些干预措施的效果充其量只能说好坏参半。原因很简单，这些方法都是在试图说服意识心理去做它抗拒的事情，因此无法改变人们的直觉行为。因此，我们需要利用比喻来帮助我们改变患者的行为。

2008年进行的一项独立研究在所有研究中显得尤为突出，这项研究发现，使用比喻可以显著地改变患者的行为。这项研究关注的不是患者是否按医嘱服药的问题，而是一个更难以改变的与健康有关的行为：吸烟。传统的戒烟方法包括你能想到的常规手段——展示被腐蚀的肺部图像、介绍肺癌会带来的影响，以及解释吸烟为什么会缩短寿命等。这些典型的咄咄逼人的方式在过去并未取得成效。对吸烟者进行肺活量和呼吸功能的测试，或是对他们的呼吸速度进行测试也没有效果。科学数据晦涩难懂，对吸烟者来说没有意义，而恐怖的黑肺照片则让人们心理上非常排斥。由于大脑没有任何熟悉的参照物来真正理解这些信息，这些方法对参与者来说没有太多意义。

而在2008年的这项研究中，吸烟者会被告知他们的"肺龄"。"肺龄"是一个简单的比喻，用来表示吸烟者的肺功能状态。在这项研究中，临床医生没有专注于讲解科学数据，而是告诉参与者他们的肺属于哪个年龄段。例如，一个20岁的参与者被告知他的"肺龄"是40岁，或者一位60岁的参与者被告知他的肺更像是75岁的人会有的肺。你猜怎么着？这个方法奏效了。这是少数几项在戒烟方面显示出显著效果的研究之一。那么，这里有一个重要的问题：为什么会这样呢？

原来，了解自己的"肺龄"比了解自己肺部的实际状况更能对人们产生影响。想想看，有哪个20岁的人愿意被告知他们的身体状况像40岁的人？对吸烟者来说，这种象征性的描述远远比客观的描述更加有效，因为它利用了人们大脑中已有的关于衰老的神经通路。相比解释肺活量和呼吸速度，以及展示其他人的肺部图片，这种借助比喻的解释方式更加直接，也更有针对性。由于采取了这种办法，这项研究的参与者戒烟率翻了一番多，从6.4%增加到13.6%。吸烟者不需要学习任何新的术语，也不需要试图将自己想象成另一个人。相反，"肺龄"这个词激活了他们大脑中已有的关于"衰老"的神经通路，使他们能够改掉吸烟这个世界上最顽固、最具自毁性的习惯。或许，比喻是终极的增长触发点——它真的可以拯救生命。

幽默

除了隐喻，幽默是另一种能够突破人们意识心理防线并快速建立品牌连接组的方法。然而，并非任何幽默都能奏效，酷圣石和彩虹糖在2023年超级碗广告中展示的幽默就是反面案例。如今，许多营销宣传中的幽默都是多余的，是一种不相关的愚蠢的滑稽，是在为了幽默而幽默，是试图利用文化趋势但实际与品牌本身脱节的幽默。这些都不会给人们留下深刻的印象。就好像营销和广告专业人士有时会把创造力和有效性混为一谈，大家有时会误以为幽默等同于博人一笑。虽然有些宣传的确很好笑，但是这些笑料往往与品牌毫不相关，很容易被忘记。品牌展示的幽默必须与品牌能提供给目标消费者的价值相关，或者突出品牌与其竞争对手之间的对比。否则，你就无法在目标消费者的大脑里建立一个牢固的联想，也无法促进品牌连接组的成长。

使用幽默的最佳方式之一是贬低你的竞争对手。就像一美元剃须俱乐部的杜宾一样，通过嘲笑竞争对手的产品设计过度、价格高昂，且包含很多无关紧要的功能（这是幽默的有效使用）而让观众发笑。幽默也经常在政治辩论中产生很好的效果。例如2023年首次共和党初选辩论中，八位候选人一上场就开始激烈交锋，然而，南卡罗来纳州的前州长尼基·黑利的表现最令人印象深刻。尽管在舞台上，七比一的男女比例似乎对黑利来说是一个劣势，但她还是将这转变成了一种优势。在辩论的某个时刻，其他七位候选人几乎同时提高了声音。在这些混乱的对话和叫喊声中，谁也听不清谁在说什么。当主持人布雷特·拜尔将下一个问题指向黑利时，她在这个完美的时机回应道："布雷特，我想说的是，这正是玛格丽特·撒切尔说的，如果你想要某件事被说出来，找男人；如果你想要某件事被办成，找女人。"观众听到后哄堂大笑。

美国1984年的总统辩论中，时任美国总统的罗纳德·里根已经74岁了，他被问及是否可能因为过于年老而不适合担任总统。里根的回答是："我不会把年龄问题作为这次竞选的议题。我不会为了政治目的去为难沃尔特·蒙代尔，说他年轻又缺乏经验。"听到这个回答，蒙代尔也忍不住笑了出来，但他笑不了多久了——里根在那年的选举中以压倒性优势获得了胜利。

作为一种修辞手法，幽默可以像比喻一样有影响力。它能刺激人们的大脑，吸引注意力，并留下深刻的印象。单单依靠事实或数据无法实现这样的效果。与比喻不同的是，当我们"理解"了一个笑话时，我们会感到自己成了群体的一部分，与那个讲笑话的人关系更亲密、立场更一致了。这就是为什么幽默在政坛的效果尤其强大。正是因为幽默，政治家的观点变得更加难忘了，而我们在这个过程中也会自然地站在他们那边。然而，单纯为了博人一笑却没有表达任何观点的幽默，是毫无用处的。如果你会利用幽默这个捷径来贬低竞争对手，或强调自身的优势和专业性，那么你传递出的信息就会变得更有黏性，更快地进入人们的记忆中，快速引起人们对你品牌的关注——这可不是在开玩笑。

营销漏斗的概念在过去100多年的时间里，已经在营销领域根深蒂固。然而，像其他许多的基于意识心理的营销方法一样，漏斗的概念让营销人员分心，使他们无法专注于真正需要关注的事情：让品牌在人们的大脑中扎根。漏斗的各个阶段的划分其实是多余的。如果你使用正确的象征符号和暗示建立足够多的积极联想，并且在直觉层面上简明扼要地与观众建立联系，那么你就可以迅速引导消费者选择你的品牌。无论你是直营公司的领导者、成功的政治家，还是医疗保健从业者，事实都证明，采用打破常规的营销策略可以让你在短时间内建立品牌连接组。比喻和幽默当然会在这个过程中发挥作用，但最终一切都会归于一点：品牌要不断地积积累极联想，并且频繁地与人们生活中关心的触点建立连接。你不必在漏斗的各个阶段中缓慢前行——如果方法得当，品牌显著性的建立可能只需几分钟。

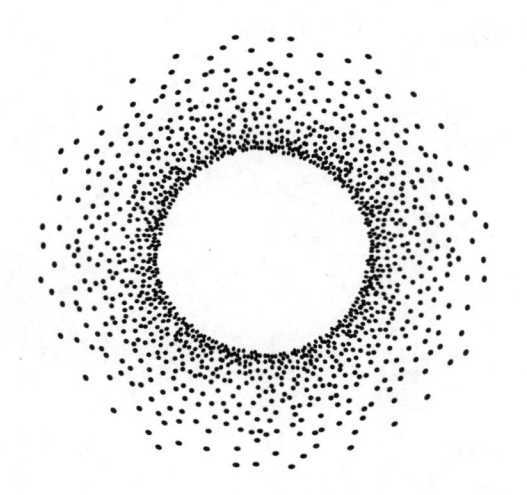

CHAPTER TEN

第十章

品牌永生计划

让顾客买了又买的法则

品牌的生命周期并不是有限的。如果你能够妥善地经营你的品牌,它可以永远存在。

2020年3月，有关疫情的报道基调开始变得严肃起来。最初，冬天的时候，美国人认为那是一种离自己很遥远的病毒。但后来，它逐渐被视为国民健康和国家安全的严重威胁。随着时间的推移，居家令、口罩令和接种疫苗的呼声相继出现。但是在那个早春，大多数人还在摸索，试图去理解疫情在更广泛的层面会产生什么影响。学校、办公室和餐馆开始关闭。但是，像零售店这样的生活必需的商铺仍然开放，而这些商家必须在确保员工安全和满足顾客需求之间找到平衡。

　　沃尔玛作为全美最大的零售商，拥有25%的市场份额，在美国拥有近4700家门店，在海外有近5300家门店（更不用说还有近600家山姆会员店）。疫情期间，沃尔玛在供应人们日常生活用品方面发挥了至关重要的作用。沃尔玛供应的物品包括食品、卫生纸、肥皂、洗发水、清洁产品等杂货，还持续供应免洗的消毒洗手液。在白宫3月16日宣布新的社交距离指南后，沃尔玛立即采取了行动。

在这段销售可能严重下滑的时期，沃尔玛在疫情期间的表现可以作为最佳实践案例被载入史册。沃尔玛调整了营业时间，提前关闭门店，以便在夜间进行全店深度清洁。沃尔玛还设立了专门的清洁小组进行额外的消毒。此外，沃尔玛的店员在店内为顾客和员工添加了免洗消毒洗手液和消毒湿巾。他们也是最早在结账台加装玻璃防护罩的大型零售商之一。沃尔玛设立了老年人专属购物时段，以便易感人群错峰购物。此外，沃尔玛还限制了每次进入店内的顾客数量，添加了地面标记以鼓励人们保持社交距离，并为员工提供免费的远程医生预约服务。

这一时期，沃尔玛的线上销售业务迅速增长。2020年4月，美国整体零售业下滑了16.4%，210万人失业，而沃尔玛的线上销售额却增长了74%。这是因为沃尔玛为顾客提供了便捷的配送和路边取货服务。由于销售额大幅增长，沃尔玛雇用了23.5万名新员工。疫情缓解后，他们的线上销售额持续增长，2023年第一季度，其线上销售额同比增长了27%。

沃尔玛在疫情期间最令人印象深刻的，是它弄明白了一件其他公司都没理解的事——如何在宣传中恰到好处地表达。疫情期间，大多数广告商都在反复强调"前所未有的时代"和不确定性，沃尔玛却传达了一组完美的信息——安全与进步。安全的理念和沃尔玛采取的预防措施，让人们可以放心地走进沃尔玛的商店，相信自己不会被感染。在保证安全的前提下，沃尔玛对进步给予同样的重视，鼓励人们在生活中继续前行。这组信息出现在沃尔玛2020年5月的宣传口号里："让我们为美国的安全前行保驾护航。"这是美国疫情期间最强有力的宣传活动。

疫情期间，这些积极联想促进了沃尔玛品牌连接组的生长和壮大。这个品牌自1962年在阿肯色州成立以来，经过50年的成长，成了美国最大的私营企业，拥有约160万名员工（店内工作人员）。沃尔玛2023年的收入为6113亿美元（比前一年增长近7%），公司连续11年蝉联《财富》500强榜首。但回顾沃尔玛的发展历程，它在零售行业取得领先地位也并非轻而易举。

多年来，沃尔玛也经历了不少挫折，尤其是21世纪初期，沃尔玛饱受批评。这些批评包括沃尔玛支付给员工的工资太低，没有向员工提供可负担的医疗保健服务，采用超大面积的超市门店设计，以及排放温室气体影响环境。面对这些有理有据的批评，沃尔玛选择正视并改正，通过大量积极的举措来消除这些消极联想。例如，在2011年的全球责任报告中，沃尔玛指出，公司在门店销售的本地农产品增加了97%，并成功地将80.9%的废弃物通过回收再利用等方式处理，减少了垃圾填埋。此外，沃尔玛也逐步提高了员工工资，比如2023年的每小时最低工资从12美元提升到了14美元。沃尔玛还通过各种医疗计划降低员工的医疗成本，比如通过卓越中心计划使员工与医疗机构建立联系，治疗包括背痛、不孕不育和癌症在内的多种疾病。通过沃尔玛的医疗计划，员工看病基本上是免费的。

沃尔玛就像零售界的洛奇·巴尔博亚[1]一样，它遭受了太多次

---

1 洛奇·巴尔博亚是美国电影《洛奇》中的主角，他意志坚定，在比赛中永不言弃，坚持了十几个回合。

第十章　品牌永生计划　251

的打击，坦率来讲，它早该倒下了。然而，尽管历经多次法律纠纷和经济衰退，沃尔玛始终屹立不倒。它如何做到的？就像宝洁公司一样，沃尔玛有一种"进化"的观念。沃尔玛积极主动地调整自己以顺应趋势，沃尔玛持续改善，并针对消费者提出的需求和问题快速地提供落地的解决方案。这里的关键在于，如何切实将解决方案落地。在疫情期间同时对将近1.1万家门店进行面向消费者的重大改变，并做到毫无纰漏，这绝非易事。公司能够在困境中持续增长并展现出极强的韧性，这绝不是运气。

如果你的品牌足够强大，那么消费者会主动走进你的店里；但是，如果你的运营跟不上，他们很快就会离开。相反，如果你的品牌不够强大，那么即使你的运营再出色，消费者也很难真正认可你的价值。这会导致你难以吸引新消费者，因此增长面临困境。像沃尔玛这样的顶级品牌，既有着强大的品牌认知，又能通过出色的运营让消费者认可你的价值，两者相辅相成，形成良性循环。

像沃尔玛这样的品牌完全打破了"品牌与产品生命周期"这一经典营销概念。这个概念在1967年出版的《营销管理》一书中被确立，至今仍然出现在顶尖商学院的本科和研究生课程中，也在各大企业中被广泛应用。生命周期理论将企业的发展分为四个阶段：导入期、成长期、成熟期和衰退期。这个理论是公认的商业原则，有些人甚至将其视为一种信条。生命周期理论指出，品牌在导入期和成长期的增速最快。刚进入市场时，品牌能迅速地拓展分销渠道，并吸引早期消费者的关注。在随后的成长期，品牌则应投入更多资金，进一步扩展市场。该理论认为，品牌在这两个阶段处于最强劲、最健康的状态，而随着品牌进入成熟期，增长放缓则是不可避免的，并且品牌将在销售额达到巅峰后逐渐走向衰退，最终退出市场。品牌与产品生命周期通常被描绘成一个钟形的曲线，以时间为横轴、销售额为纵轴。导入期在左下方，成长期呈上升趋势，成熟期对应曲线的顶部，表现为增长放缓并趋于平稳，而衰退期则对应着曲线右侧的下降部分。

然而，和许多传统营销规则所依赖的理论一样，生命周期理论也是错误的，其概念不仅在科学上不准确，它还会导致品牌在成熟期错失潜在的投资和持续增长的机会。我们没有理由认为，品牌在进入成熟期后就无法继续增长。品牌不同于人，它们并不受限于有限的寿命，不会长出白发，也不会得骨质疏松、关节炎或者阿尔茨海默病。如果品牌没有得到妥善的维护，销售额确实可能会下滑，但这不是必然结果。只要精心培育，品牌可以长盛不衰。

让我们想一想那些已经存在了 100 年甚至更久的品牌吧：卡夫亨氏、福特、绘儿乐蜡笔、Aqua Velva、哈雷戴维森、L.L.Bean、尼康、塔吉特、可口可乐、杰西潘尼、惠而浦、卡哈特、波音、约翰迪尔、通用电气、艾可飞、UPS、家乐氏、强生、菲尔森、GMC、道奇、红翼靴子、莱尔德集团、凯迪拉克、肖特、雪佛兰、林肯、百威啤酒、凯旋威士忌和别克。当然还有那些已经存在至少 200 年的品牌，包括高露洁、布克兄弟、詹姆森威士忌、D.G. 云岭集团、哈珀、金宾、爱美生、杜邦和迪克森文具。这些品牌无疑是值得被赞美的，但这样的成就并非独属于他们。任何公司都可以避免衰退，成为一个存续 100 年或 200 年的品牌。这是因为销售的下滑与品牌的年龄无关，而是与消极联想的积累有关。是这些消极的联想拖累了品牌的发展，阻碍了它的增长。

生命周期理论到底错在哪儿？其实，我们很容易理解为什么传统的营销人士会提出生命周期的理论。就像其他传统的基于意识心理的营销原则一样，这个理论也基于对表面现象的观察。确实，如果你追踪品牌和产品的增长率，你会发现随着时间的推移，增长在放缓。这是生命周期理论的支持者在品牌逐渐老化时观察到的现象，但他们看到的并非事情全貌。他们观察到的只是增长率与时间的相关性，但这不代表两者之间存在因果关系。增长的放缓并非由于品牌的"年龄"增加，而是因为品牌的显著性降低。

商业领袖们并未意识到，与品牌相关的消极联想会在潜在消费者的心中逐渐积累。这些潜在消费者既包括竞争对手的消费者，也包括那些在你所在品类还没有任何消费经验的消费者。这些积累的消极联想会让他们对品牌做出的营销努力不感兴趣。领导者往往察觉不到这些消极联想正在阻碍品牌的增长，因为他们根本没有在追踪这些联想。虽然有些营销专业人士相信，增加产品功能或推出新的产品线可以延长品牌的生命周期，但他们并未意识到那些拖累品牌发展的消极联想所产生的影响。当你了解品牌究竟积累了哪些消极联想，你就能改变品牌生命周期的轨迹。

那些能跨越一两个世纪的品牌之所以能够持续增长，正是因为它们像沃尔玛一样，一旦发现消极联想，便立即采取行动去消除它，而不是寄希望于这些消极联想会自动消失。通过添加新的积极联想来压倒消极的联想，并且不断调整自身以适应不断变化的社会和文化环境，这些品牌始终坚守品牌的根基。这听起来很难吗？其实，这件事只有在你没有追踪消费者无意识心理时才会变得困难。正如我们之前所讨论的，当消极联想在人们大脑的神经通路上不断积累时，品牌连接组就会变得更加消极。这时，吸引新消费者会变得更加困难，增长也会放缓。正如你现在已经了解到的，消极联想一旦与品牌挂钩，就必须被立即消除；如果不这样做，消极联想就会越来越多，越来越难以消除，它们会像枯叶一样影响品牌之树的生命力。

就像漏斗模型无法反映品牌在消费者心中的成长过程一样，生命周期曲线也无法反映品牌随时间而发展的过程。你的品牌可以长久地存续，不断发展壮大，持续吸引新消费者并提高市场渗透率。品牌如果能够长期保持生命力和增长，它就能获得一种优势，让消费者在做决策时直觉地倾向于选择这个品牌。相反，如果品牌没能及时消除与之相关的消极联想，那么它就会在生命周期曲线上迅速滑落。好消息是，这种不幸是可以避免的。虽然人无法长生不老，但你的品牌可以永久存在。

革命派 vs 传统派：谁能拿走未来的钱包

如果你的品牌不能持续调整以适应变化的环境和消费者需求，那么你品牌的相关性和知名度就会下降。但是，在这个过程里，有的改变是成功的，有的则不然，关键在于要理解应该改变多少（或者应该改变什么，不应该改变什么）。对此，基本的经验法则是尽量少做改动。例如，不要在品牌资产老化时直接舍弃它，而是应该给它赋予新的联想和意义。你应该保留那些现有消费者喜欢的元素，同时为品牌添加能够吸引增长目标消费者的新的积极联想，让他们选择你的品牌。当然，千万不要为了改变而改变。只有那些阻碍你获得增长目标消费者的因素才需要被改变，移除这些因素是为了让消费者转向你的品牌。简而言之，品牌需要保持原有的形象。如果你改变了品牌的核心定位，人们就无法再识别出你的品牌。更糟糕的是，很多人一眼就能看穿，你的品牌已经失去了初心。

可惜的是，许多公司在调整品牌定位、对外宣传策略、公司名称和标志时常常过于草率，导致品牌失去了原本的意义，甚至丧失了辨识度。这些公司本想提升品牌，让品牌保持新鲜感和吸引力，却无意中伤害了它。我们称这些公司为"革命主义者"，它们存在乐观的认知偏见，对新潮的外观、理念或趋势过于着迷，容易相信那些所谓的现代而前卫的东西。这样做的结果是，它们会频繁地改变品牌的核心定位。

这些公司一头扎进了变化的海洋，却未曾意识到波涛之下暗流汹涌。品牌会被这些暗流卷入海中，最终迷失方向甚至完全沉没。过度的变化不仅会让现有消费者难以识别你的品牌，就像纯果乐对包装的改变让品牌变得难以辨认，还会让他们感到自己被品牌抛弃了。作为品牌的掌舵者，你的责任是守护品牌在现有消费者记忆中的无形的价值和意义，并确保它们在客户选择品牌时继续发挥作用。没有了这些重要的品牌标志，品牌就会失去它的精髓，自然也会失去现有消费者。

Meta（前脸书）就是一个因改变而受损的品牌，它为了迎合人们对科技、数字化和虚拟现实日益增长的兴趣而做出了过度的调整。2021年，创始人兼首席执行官马克·扎克伯格宣布脸书将更名为Meta，表明公司未来几年将把重点放在元宇宙上。如果你当时关注了这则新闻，并对这个新的定位感到困惑，那么我想说，其实不只你一个人有这样的感受。据《福布斯》报道，圣母大学门多萨商学院科技伦理学教授柯尔斯滕·马丁对这项更名发表了严厉的批评："脸书的高管们在现实世界中的表现并不令人满意，那么我们凭什么相信他们在虚拟世界中会做得更好呢？"抛开这个批评不谈，大多数人，尤其是脸书的用户，可能都会问："到底什么是元宇宙？"这个疑惑至今依然存在。

尽管人们对元宇宙的描述各有不同，但它本质上是一个基于虚拟现实的增强版线上数字世界。这个世界十分引人入胜，以至于人们几乎无法将其与现实世界区分开来。有分析师估算，从Meta开发元宇宙、搭建社交虚拟现实平台开始算的话，其耗资高达50亿美元。然而，到了2023年，这数十亿美元已经被耗尽，但元宇宙离现实仍然遥不可及。当然，Meta对元宇宙的投资是否会成功还需要时间来验证，但随着ChatGPT和人工智能在2023年的爆发，元宇宙似乎已经被这一更加具体的伟大科技突破所取代，逐渐淡出了人们的视线。

尽管你可以认为，人们对Meta兴趣的减退是由于发现了ChatGPT和人工智能这些"新的热点"。但实际上，问题的根源在于扎克伯格选择了对品牌进行革命性改变，而非让其逐渐进化。

如果他当初将脸书这个品牌与元宇宙的概念直接联系起来，他就可以进一步增强品牌连接组，扩大它的影响力，并为品牌引入一个激动人心的新维度。他本可以将脸书在友谊、社区和人际关系方面的积极联想与元宇宙的高科技元素相结合，打造一个更加平衡的品牌连接组，让我们与熟悉的亲朋好友在虚拟的奇幻世界里彼此陪伴。然而，依照目前的情况来看，Meta试图打造的这个元宇宙可能会在初具规模前就销声匿迹。

虽然对品牌进行彻底的革新是最快的摧毁它的方式之一，但走向另一个极端也同样危险。我们称这些公司为"传统主义者"——这些公司往往固守过去的品牌定位，害怕品牌产生任何的偏离，或为品牌增添任何的元素。传统主义者专注于他们的核心客户，坚信品牌的价值已经牢牢地根植在人们的心中，无法改变也不应被改变。然而，尽管这些领导者十分强调品牌"真正的基因"，但他们通常却没有什么证据能证明这样做可以维持现有消费者，或是有效地吸引新消费者。

如果你是一个传统主义者，你就会保持你的品牌一成不变，害怕它偏离最初的定位。就像母狮保护幼崽一样，传统主义的公司会不惜一切代价守护它们所认为的品牌基因，尽管它们往往不清楚品牌在消费者心中究竟是什么形象。在极端情况下，由于领导者过分专注于现有消费者和品牌定位，品牌可能会停滞不前。他们觉得，任何为了吸引新消费者而对品牌做出的调整，都会对现有消费者造成伤害。因此，即使品牌对消费者来说已经变得无关紧要，这些公司也拒绝做出任何哪怕最微小的改变。传统主义的公司的营销人员还会认为一个品牌只能代表一种事物，他们无法理解如何能在不失去品牌现有身份的情况下叠加新的信息。这种单一的营销方式会使品牌僵化，就像一棵在龙卷风的必经之路上动弹不得的树。

因此，你既不希望你的品牌在文化的潮流里随波逐流，也不希望它一成不变。你追求的目标不应是对品牌进行革命性的改变，也不应是让品牌原地踏步，而是持续地进化——在保持品牌核心身份和价值的同时与时俱进。与传统主义者和革命主义者相对，我们称之为"进化主义者"。在变革的程度上，进化式改变处于革命性变革与一成不变之间。如果变化太少，就无法吸引那些对品牌心存顾虑的潜在消费者；而如果来个180度大转变，品牌则会失去原本的样子，让现有消费者感到陌生，导致消费者流失。想要实现增长目标，你的品牌必须牢牢保持它拥有的积极联想，同时通过逐步进化，消除那些阻碍品牌增长的障碍。

世代相传的购买基因

进化的关键在于精心维护你的品牌连接组，使其始终健康、充满活力。虽然品牌不会像人一样自然地老去，但是如果不加以关注，品牌就有可能变得不再健康。因此，你需要时刻保持警惕，以维持品牌的健康与活力。如果你在每个关键时刻都能精心呵护品牌的健康，那么它就有机会不断地发展、进化、繁荣，甚至实现"永生"。好消息是，维护品牌不需要你自行摸索，而是有一个简单且行之有效的方法，它能让你在不断变化的时代为品牌注入新的活力，这个方法就是"保留、阻止、添加"。

保留是指强化与品牌有关的积极联想。就像你必须通过锻炼来保持强大的大脑和强健的肌肉一样，你也需要不断地"锻炼"你的品牌在消费者心中形成的神经通路，以保持其健康和活力。你必须保留品牌在现有消费者和潜在消费者心中已经建立的积极联想。你不能假设每个人都了解你的品牌，或者明白它代表什么。相反，你必须假设潜在消费者对你的品牌一无所知。持续强化与品牌相关的积极联想（例如产品价值、专业性、创始人故事和品牌资产）可以帮助你在潜在消费者中，尤其是在那些没有伴随品牌成长的新一代消费者中，拓展你的品牌连接组。强化品牌的积极联想对维持现有消费者也至关重要，这可以确保他们在品牌进化的过程中，依然愿意继续支持你。简而言之，积极联想的神经通路不练则废。这就像你小时候会弹钢琴，但接下来 20 年都没有练习，当你再回到钢琴前时，很可能会显得笨手笨脚。这是因为大脑中那些曾经帮助你解读乐谱并指挥手指准确移动的神经通路已经衰退，甚至完全消失了。同理，与品牌相关的积极联想也需要被不断地强化才能维持。

阻止是指根除消极联想。你必须阻止消极联想的积累，否则它们会变成阻碍新消费者转化为品牌消费者的障碍。但要做到这一点，你首先需要知道与你品牌有关的消极联想是什么。传统的调研方法或者定性调查无法告诉你答案。确实，这些方法可以帮助你识别品牌的显性障碍（例如食品和饮料类别中的人工成分问题），但这些你可能早都知道了。真正阻碍品牌发展的消极联想往往是那些你不知道、随着时间自然而然产生的联想。这种隐性的阻碍是微妙的，通常与品牌形象或品牌个性有关，只有通过深入的内在研究才能发现。这类研究能揭示人们对你品牌形成的错误认知，而这种消极联想可能是你从未预料到的。了解这些消极联想会让你变得强大。毕竟，你只有在知道自己面临什么挑战时，才能为品牌规划好的策略。你要阻止那些可能在无意中强化消极联想的宣传活动，并用积极联想取而代之。这样，你的消费者就能专注于真正重要的东西：你的品牌的卓越之处。就像减少摄入高脂肪食物或戒掉吸烟习惯有助于改善身体健康一样，消除消极联想可以提升品牌的健康程度。你剔除消极联想，就是在为创造更多的积极联想奠定基础。

添加是指构建增长触发点。仅仅强化现有的积极联想，并用积极联想压倒消极联想，这些做法只能让你的品牌发展到一定程度。这时，添加新的积极联想就显得尤为重要。为了让品牌持续进化，你必须为它添加新的积极联想，以吸引你的目标消费者使用你的品牌。利用增长触发点是实现这一目标的最快方式。增长触发点就像给你的品牌注入了一剂维生素 B_{12}，使其充满活力、生机，仿佛重获新生。正如我们之前讨论的，这些认知捷径能够在你潜在消费者的心中增加积极联想，从而快速地强化并拓展你的品牌连接组，让它变得更加显著。就像富含营养的超级食物能为身体提供能量一样，这些增长触发点（比如瓶装水上的雪山、快餐早餐中的新鲜鸡蛋，或婴儿洗发水广告中照顾婴儿的父亲形象）包含了大脑所需的营养。当你将它们添加到现有的品牌连接组中时，增长触发点会促使新的神经路径萌生，从而加速品牌连接组在潜在客户大脑中发展。

要想在短期和长期都保持品牌的健康，公司必须遵循"保留、阻止、添加"的新准则。通过强化人们已经高度认可的积极联想（保留），消除消极联想（阻止），同时添加潜在客户所需的新联想以促使他们转化（添加），你就可以在推动品牌的家庭渗透率的同时减少消费者流失。这是一种确保高增长的万全之策。在努力克服新消费者心理障碍并维持现有消费者的过程中，你还会得到一个意想不到的收获：它会促使品牌不断进化，并且提升公司的水准。为了实现这个目标，"保留、阻止、添加"要求你在品牌已有的联想和新的联想之间找到平衡，正如那些最成功的百年品牌。

宝洁公司就是一个很好的例子。营销人员非常重视维护自己的品牌资产，包括汰渍、洁必静和帮宝适等。他们一边坚守那些曾经成就了品牌的宝贵的 DBA，一边不断地更新品牌的宣传信息和形象，持续创新以满足不断变化的消费趋势。尽管他们在吸引某些消费者群体（如千禧一代的家庭主妇和喜欢绿色环保产品的消费者）方面还有提升空间，但在培育宝贵的品牌连接组方面，他们做得非常好。对一家成立于 1837 年，最初以生产肥皂和蜡烛起家的公司来说，其品牌在几代消费者中保持了令人难以置信的高辨识度。这让宝洁在 2023 年实现了近 810 亿美元的收入，比 2022 年增长了 3.5%。

经得起时间考验的品牌，会不断强化消费者心中品牌连接组里现有的联想和记忆，还会给连接组里逐步添加新的积极联想。

这就是为什么，宝洁公司的厕纸品牌洁必静及其两个子品牌——洁必静超柔和洁必静超强——至今依然名列美国十大畅销厕纸品牌，而帮宝适多年都是纸巾市场的销量冠军。许多消费者可能甚至不知道这些品牌属于宝洁公司，但他们对这些畅销的产品却非常熟悉，因为这些品牌在我们所有人心中都有着巨大的影响力和显著性。如此普遍的认知绝不是偶然形成的，而是通过不断地向新一代消费者宣传品牌的价值和专业性，持续地扩展品牌连接组实现的，这延续了品牌的生命。

数字时代的挑战

还有另一股隐藏的力量会侵蚀品牌的健康。品牌通常认为自己需要与屏幕另一端的消费者全天候开展对话，这正是当下这个内容为王的数字世界的产物。如果品牌推送的内容数量庞大，又没有经过精心策划，那么很遗憾，品牌将会偏离它所传递的核心信息和核心定位，违反了"保留、阻止、添加"中的"保留"部分。为了每天都有新的内容可供推送，品牌会给人们传递很多与品牌不太相关甚至自相矛盾的信息。这会导致与品牌价值和专业性相关的信息被稀释或是变得模糊。这些碎片化、分散于多个渠道的数字化传播方式，会破坏统一的品牌形象，从而导致所谓的"数字品牌的萎缩"。

一个品牌的形象在消费者心中越是分散，它对心智的占有率就会越低。这不仅是一个品牌健康与否的问题，也是一个重要的商业问题。碎片化和分散化的品牌联想会直接导致企业收入和市场份额下降。尽管这种现象在21世纪之前就已经存在,但Web 2.0[1]时代的到来大幅加剧了这种情况。在这个网络环境中,由于品牌对消费群体的细分及信息传播平台的多样化,人们会接收到截然不同的品牌信息。随着大量的品牌信息在各种网站、应用程序和社交媒体平台上传播,品牌逐渐丧失了在宣传中保证品牌一致性的能力,以及有效连接消费者的能力。

在所有可能损害品牌增长的情况里,数字品牌的萎缩可能是最严重的,因为它对品牌的持久性构成了极大威胁。一个健康的品牌在人们心中的形象应该是一致的,当一个品牌在不同人心中代表不同含义时,它就不再是真正的品牌了。2003年,美国市场的数字广告总收入仅为73亿美元。这个收入体量很好理解,因为那时人们才刚刚开始上网,数字革命也才拉开序幕。用不了多久,互联网就会改变我们日常生活的方方面面,无论是工作方式、沟通方式,还是商业贸易。到2021年,美国市场的数字广告总收入已大幅飙升至1893亿美元。如今,企业56%的营销预算都用于数字渠道。这种变化并没有错,毕竟我们生活在一个技术高度发达、越来越数字化的世界里。然而,这些技术的进步也让我们传播和接受信息的方式变得更加碎片化。

30年前,我们都坐在自家客厅里,收看同样的7个电视频道。无论是住在我们附近的人,还是这座城市的其他人,乃至另一个

---

[1] Web 2.0指以用户为目标,强调用户生成内容、易用性和互动性的网站,与传统由网站员工主导和生成内容的模式有一定区别。

城市或另一个州的人，我们收看的都是同样的频道。收看新闻、娱乐节目，或获取信息时的相同体验，使人们在理解和判断事物时建立了统一的框架，并且产生了类似的价值观。我们看着相同的 30 秒广告、相同的节目和相同的晚间新闻。那时，所有的美国人仿佛手拉着手，虽然不至于齐声高唱"kumbaya"[1]，但大致上对现实有着基本的共识。我们曾经生活在那个简单而直接的世界里，但如今这一切都一去不复返了。

随着数字设备的普及，我们每天都被数以万计的信息淹没，从不同的渠道，在不同的时间收到它们。如今，我们甚至可能会看到为我们量身定制的个性化信息。内容的生成陷入了一个无休止的循环，品牌感到每天都必须要与消费者进行互动，才不会被排除在对话之外。品牌的营销人员患上了严重的营销错失恐惧症。品牌为了维持那几乎无休止的对话竭尽所能，为了与消费者保持联系而说无关紧要的话。这会导致品牌实际发布的信息偏离它原本想传达的核心信息。于是，消费者接收到的是那些与品牌价值和核心能力不直接相关，甚至毫无关系的信息。那么，最终的结果是消费者不明白品牌代表了什么，也不清楚品牌的独特之处在哪里，更不知道什么时候应该选择品牌的产品或服务。

在这个无休止的与消费者对话的过程中，广告创意人员感到不堪重负，他们只能尽力去完成交付。迈克尔·法默——法默咨询公司战略咨询公司的董事长兼首席执行官，也是贝恩公司的前

---

[1] kumbaya 来自 20 世纪 20 年代采录的美国黑人灵歌，如今通常被用来形容和谐、欢乐的气氛。

合伙人——解释道，1992 年，他服务的一个做广告代理的客户完成了 380 个创意和战略项目交付，并且所有项目都是原创。那时他们有 50 名创意人员，平均每人每年完成约 7.6 个项目。25 年后的 2017 年，这一家代理公司的 50 名创意人员完成了 1.5 万个项目交付，其中 1.3 万个是基于先前作品的"改编"。创意人员的工作量激增到每人每年 300 个项目，包括社交媒体帖子、数字广告、电子邮件推送等。

在如此大量的项目需求下，工作人员对每一份内容所能投入的思考必然减少了，这迫使创意人员和品牌只能尽可能多地发布各种内容，然后来看哪些能够奏效。于是，问题从"我们需要做什么来推动品牌发展"变成了"我们需要做什么来把这些内容尽快发布出去"。市场营销人员和创意人员不停地发布内容，就像露西尔·鲍尔在《我爱露西》中扮演的巧克力工厂工人拼命跟上流水线的速度一样，那些内容就像是流水线上不断涌出的巧克力糖果。生成内容的过程变成了一条专注于产量的流水线，这导致品牌发布的信息很少能真正地留在消费者的记忆中。

显然，这种方法根本无法打造出一个统一的品牌形象。当品牌疲于交付一个接一个冗长乏味的广告帖子时，发布的信息就可能只与其产品或服务存在一丝牵强的联系。就像把一颗小石子扔进池塘，随着同心圆波纹的扩散，品牌发布的信息离核心信息越来越远，也逐渐偏离了品牌形象。品牌的核心信息、品牌价值及消费者"信任品牌的理由"都在品牌努力维持那条内容流水线的过程中，开始变得摇摆不定或是逐渐模糊。如果没有一个统一而清晰的品牌信息进入消费者的记忆，他们便会自行编织出关于品牌的故事，最终导致对品牌产生错误的认知。

在这种情况下，尽管品牌连接组可能也在形成，但这种品牌连接组大概率是基于消费者对品牌的个人解读，而不是公司想要传达的积极联想和品牌形象。一项针对过去10年间各行业的《财富》500强品牌的综合分析显示，如今，品牌连接组正逐渐被消费者自己构建的故事取代，而这些故事常常是偏离品牌原意的。由于人们没有收到关于品牌定位的一致的信息，他们只能自行将这些碎片化的信息拼凑起来，但这往往会形成错误的结论。因此，品牌资产、形象和专业度难以被人们理解或是在他们的脑海中留下记忆。原因很简单，品牌的领导者将他们的内容和品牌形象分散地发布在各个渠道上，导致品牌的营销难以真正触达消费者。

品牌需要确保消费者脑海中的信息与品牌真正想要传达的内容是一致的。要做到这一点，仅有品牌手册是不够的——品牌的营销人员必须制定更严格的指导准则，以判断哪些信息、增长触发点、联想和DBA能够强化品牌的核心价值，哪些则不能。通过创建一套事先审核通过的列表，品牌将能够更好地掌控整体形象，减少产生偏离的可能性。营销人员和广告人常说："我的创作自由来自明确的需求。"这句话在品牌传达信息时也同样适用。品牌的指导准则越精确，就越能在保持信息一致性的同时，为内容创作留出空间。无论你管理的是一家小型企业，还是跨国集团，无论你的业务是用数字化的手段颠覆行业，还是经营一个传统品牌，这些指导准则都能够帮助你的品牌在持续进化和增长的过程中，做有关"保留、阻止、添加"的决策。无论何时开始制定准则都不算晚。通过制定并坚持执行正确的准则,你可以为任何品牌注入活力并延长它的寿命,无论这个品牌实际年龄是多少。

老品牌的反弹效应

或许关于品牌寿命最令人欣慰的消息就是,品牌有第二次机会,即"复出的希望"。即便你曾经犯过错误,或是在一段时间内对品牌疏于打理,你依然有机会扭转局势,让品牌重新步入上升的轨道。这对传统品牌来说尤其如此,因为这些品牌在长期运营中积累的大量联想和记忆,让它们具备快速拉动增长的能力,我们称这种能力为"反弹效应"。然而,总有一些商业专家会告诉你,传统品牌已经老化,它们过了巅峰期,不再具备显著的增长潜力,因此投资它们无异于浪费资源。这种观点带来的结果是,许多存在已久的大品牌即便能够为公司带来大量的现金流,也难免在公司的投资安排中被边缘化,公司更愿意将资源分配给更年轻的品牌。如果这些年轻的品牌处于高增长领域,或者有明显的差异化优势,那么这种策略可能是合理的,但如果情况不是这样,那么传统品牌不必也不应该被边缘化。

事实上,尽管所有品牌都有可能东山再起,但对较小或较新的品牌来说,这种复出要困难得多,因为人们对它们的印象还不够深刻。而传统品牌则具有相当多的优势:它们在公众心中积累了几十年的记忆,并建立了一个稳固的品牌连接组。而且,即使其中一些联想是消极的，但由于其品牌连接组足够广泛且稳固，只要增加足够的积极联想，品牌就能打破停滞或衰退的局面。传统品牌的连接组经过多年生长，早已在人们的大脑中根深蒂固。就像一株长时间没有浇水的植物，虽然暂时看起来枯萎无力，但一旦被浇灌，它的根系就会迅速地吸收水分，叶子就会重新焕发活力，整株植物也会恢复生机。

老香料除臭剂和男士护理产品就是很好的例子。1937年，舒尔登公司的创始人威廉·莱特富特·舒尔茨推出了面向女性的香水"传统美国老香料"。这款香水的灵感来自他母亲制作的香料混合物。第二年，舒尔登推出了名为"老香料"的男士系列产品，包括须后水和剃须皂，其香调一直沿用至今。在打造男士和女士系列的品牌的时候，公司都使用了殖民时代航海相关的图案。这一标志性元素已经是舒尔登公司的DBA了。随着时间的推移，男士系列逐渐取代了女士系列，帮助品牌巩固了其作为男士护理品牌的市场定位和品牌身份。

20世纪70年代，老香料的营销主要集中于表现传统男性气质，而且这主要都是通过一些常见的人物形象表现的。在1972年的一则广告中，一位英俊、略带粗犷的水手拿着背包跳下一艘靠港的帆船，穿过旧金山的街道，把一瓶设计成浮标形状的须后水抛给了一位站在窗前、似乎刚刚洗完澡的裸露着上身的男人。他的女伴对他涂抹须后水的行为表示赞赏，同时旁白说道："用老香料唤醒自己，感受大海的清新。"随后，画面切换回那位水手，他走在一条通往农场的乡间小路上，背景音乐是一首西部乡村歌曲。当水手与一名牛仔相遇时，他递上了另一瓶须后水。此时旁白再次响起："用老香料唤醒自己，感受脸上的清凉和背后的清风。"

老香料品牌在推出除臭剂、古龙水和男士沐浴露（沐浴露是男士系列推出的第一组产品之一）等新产品时，保留了品牌一贯的粗犷男性形象。1990年，老香料被宝洁公司收购。在宝洁公司的支持下，老香料品牌一度蓬勃发展，却始终没能吸引到年轻男性这个目标群体。到了21世纪第一个十年，这个问题开始影响品牌增长。老香料的市场份额逐渐被阿迪达斯男士这样的年轻品牌抢走。原因显而易见，年轻消费者认为老香料是他们父辈或祖父辈才会用的产品，既过时又老套（这个品牌的名字中甚至带有"老"这个字！）。相比之下，阿迪达斯男士2002年才进入美国市场，给人一种年轻、清新、属于21世纪的感觉。传统的水手和牛仔形象来自过去，是上一个千年的产物，因此老香料也被人们认为是一个过时的品牌。这种消极的联想是潜移默化的，在不知不觉中就渗入了消费者的观念之中，被发现时为时已晚。

这些消极联想造成的影响看上去已经无法挽回了。

这时，品牌的救星登场了：老香料硬汉。这是一个由演员兼前橄榄球运动员伊赛亚·穆斯塔法扮演的角色。2010年超级碗期间，老香料播出了名为"你的男人可以闻起来像他一样"的广告，这是老香料硬汉这个形象的首次亮相。这则广告一经播出便取得了成功。虽然这则广告依然表现了品牌40年前水手广告中的男性气质，但它一点也不显得过时。这则30秒广告有着不拘一格的幽默感，不仅调侃了品牌陈旧的形象，还成功吸引了一群新的消费者：女性。

这个广告活动的制作方韦柯广告公司意识到，60%的沐浴露是由女性购买的，而且很可能是给和她们一起生活的男性用的。这则"你的男人可以闻起来像他一样"的广告，让女性观众的目光从屏幕上那位肌肉紧实、赤裸上身的穆斯塔法——无论他是刚从淋浴间中走出来，还是站在巨大的帆船上，或是在海滩上骑着一匹白马——转向坐在她们身旁的男人身上。老香料硬汉告诉女性消费者，虽然她们身边的男人不是穆斯塔法，但至少他们可以通过使用老香料沐浴露闻起来像他，而不是去用女士的沐浴露。

这则广告引起了观众的共鸣，使品牌重新焕发了活力。这则广告迅速走红，第一周就有了4000万的播放量。老香料的推特账户粉丝量增长了2700%，其优兔频道一度成为史上最受欢迎的频道，网站流量也增加了300%。尽管公司设定了一个目标，要将沐浴露销量增加15%，但在广告首次播出的2月到5月期间，老香料沐浴露的销量比上一年同期增长了60%。到了7月，老香料沐浴露的销量翻了一番，成为市场上最畅销的男士沐浴露。

这则广告并非仅用幽默博人一笑，而是通过这种方式强化了"为伴侣散发好闻气味"的好处，同时融入了品牌一贯使用的海洋主题。同时，这则广告与时俱进，建立了与当下文化的关联性。广告摆脱了1972年广告中自视甚高的生硬角色，取而代之的是一个性感且带有调侃意味的代言人。他希望为伴侣保持好闻的气味，而不仅是下班后进行身体清洁。广告的整体充满趣味性甚至令人兴奋，同时又明确传达出了产品的效用。凭借积累了近75年的品牌连接组，老香料成功甩掉了旧有形象和消极联想，同时融入了新的积极联想，让观众深刻地记住了这个品牌。这一过程正是"保留、阻止、添加"策略的经典案例，帮助品牌焕发新生并持续增长。

但即使取得了这样的成功，老香料也不能停滞不前。2010年能奏效的广告信息，到了2024年可能就会显得过时。虽然品牌的核心定位应该保持不变，但具体的广告信息必须随着时代而变化，以保持与文化的关联性。如今，老香料又推出了新的创意。在"男人也有皮肤"系列广告中，德翁·科尔指责他的女朋友（由加布丽埃勒·丹尼斯扮演）用光了他的老香料沐浴露。她喜欢它带来的光滑肌肤和香气，凭什么她不能用呢？这背后暗含的联想是，女性可以做男性能做的任何事情，而老香料沐浴露的香气和舒适感是适合所有人的。

不要听信任何人说衰退是不可避免的。这是一种基于错误假设的失败主义态度。那些存在了一两百年或者将近百年的品牌已经向我们证明了，成熟并不是品牌生命周期的终点。增长的关键在于密切关注潜在客户的无意识心理，并尽早在他们形成错误叙事之前阻止这件事的发生。如果你能做到这一点，那么你自然就能赢得竞争优势。如果你细心呵护你的品牌连接组——保留现有的积极联想，阻止消极联想的产生，并不断添加新的积极联想——那么你的品牌将无人能挡，持续增长，长盛不衰。别忘了，野外最古老的树木已有4000多年的历史。如果你妥善地对待你的品牌并持续地培育它，那么它就有可能一直存续下去。

结 论

最近一位《财富》500强公司的首席营销官找到Triggers，来讨论他们旗下的一个健康零食品牌。这个品牌在过去10年里表现不佳，销量下降了6%。这位首席营销官是从另一家头部公司跳槽过来的，他的任务是重振品牌，扭亏为盈。他以拥有"点石成金"的能力而闻名，他在之前公司负责的所有项目都取得了成功。然而，这次的任务却比他预想中要困难得多。

他解释，他们根据一家大型管理咨询公司的建议，进行了全面的品牌重塑活动。这个活动强调了零食的"天然健康"的特性。在他看来，这一定位很完美。人们对天然和有机产品的需求不断增长，比如清洁产品、肥皂、个人护理产品，以及食品和饮料，"天然健康"是他们能够提出的一个符合当今消费者偏好的绝佳卖点。在广告正式推出之前，它通过了量化测试和多个焦点小组的测试，最终结果显示"可以推进"。这个结果也被汇报给了公司的首席营销官和其他高管，获得了他们的批准。然而，这个宣传活动已经进行了好几个月，公司的市场份额却依然在下降。

我们立刻发现了问题。现在你已经读完了这本书，我相信你也能看出问题所在。单靠"天然健康"这一个驱动力不足以支撑整个品牌，而且潜在消费者可能已经对这个品牌产生了一些咨询公司未曾察觉的消极联想。我们的工作就是揭示这些多年来一直存在于潜在消费者的心中，阻碍他们去选择该品牌的潜在心理障碍。这些消极联想包括名不副实、不吸引人、淡而无味、缺乏冒险精神，以及使用场景有限。我们还发现了品牌增长的三个驱动力：天然美味、保留了谷物的全部营养成分的专有研磨工艺，以及品牌诞生于农贸市场的起源故事。这三个驱动力协同作用，成功地消除了人们心中的障碍。天然美味与色彩鲜艳的水果形象相结合，激发了人们对口感的期待，改变了品牌给人的淡而无味、缺乏吸引力的印象。品牌专有的研磨工艺保留了更多谷物胚芽（全谷物中的营养核心），这不仅展示了品牌卓越的专业性，还消除了原本品牌给人的名不副实的印象。品牌增长的第三个驱动力是其最初从太平洋西北地区繁忙的农贸市场中逐渐起步的故事，它为品牌注入了之前所缺乏的独特的个性，赋予了品牌鼓舞人心的形象。

当品牌的营销团队和广告公司在各个渠道的宣传中融入这三个驱动力之后，销售额几乎立刻出现了增长，这让首席营销官欣喜不已。但他忍不住问，为什么那家顶尖的咨询公司得出的是与Triggers完全不同的结论呢？毕竟那家咨询公司也进行了大量的消费者研究来为他们的建议提供依据。这是个很好的问题，我完全理解他为什么会感到困惑。

这两个研究有着天壤之别，它们在原理、方法论和结果上都大相径庭。之前的咨询公司建议的战略方向忽视了实现可持续增长的三个关键原则。第一，该建议假定品牌某一项突出的优势足以带动品牌整体的增长。但研究表明，建立品牌的显著性需要多项品牌优势和积极联想共同作用。第二，之前那家咨询公司的研究是基于传统的问卷调查得出的结果，问卷中的问题关注的是受访者意识心理层面的想法、观点或偏好，而受访者也是通过理性思考作答的。在这类研究中，受访者很容易给品牌或产品的属性、优势，甚至理念打出高分，但这些结果往往无法有效地预测人们实际的购买行为。与调查问卷一样，传统的广告测试也存在类似的局限性。Triggers的研究不仅涵盖了传统的定量指标，还能够通过对品牌定位和广告宣传的测试，识别出其中的积极和消极的联想。

事实证明，虽然"天然健康"这个定位在许多情况下都有效，但在这个特定的案例中，它实际上在消费者心里引发了消极联想。由于消费者对该品牌的一个潜在的消极联想是认为它的产品淡而无味，而"天然健康"恰恰强化了这个零食味道不好的印象。咨询公司如果想发现这一点，就必须关注消费者的无意识心理，但实际上，咨询公司的关注点却停留在品牌或产品的属性上。这些属性通常只能从一个方面来衡量品牌的价值，并且只能反映品牌过去的特征。而人们对品牌的联想则是不断动态变化的，是自然而然发展的，这些联想会影响到品牌的未来表现。为品牌添加新的积极联想有助于品牌在消费者的大脑中建立记忆网络，进而扩大品牌的心智份额。相比之下，虽然"属性"可以描述产品的特征，但它们无法深入消费者的记忆，也难以影响品牌未来的增长。如果你不了解潜在消费者的无意识心理对品牌产生的联想，那么你对品牌的认知就是片面的。大脑中的那些隐秘的关联才是决定品牌命运的关键。

第三，也是最后一点，上一家咨询公司调研的对象是品牌现有的忠实消费者，这些人是品牌的重度消费者。而Triggers则发现了阻碍潜在消费者购买品牌的心理障碍，并制定了打破这些障碍的全新的品牌定位。通过聚焦于更广泛的消费者——包括轻度和中度消费者，而不仅限于重度消费者——品牌成功地提升了销量。

当你挖掘潜藏在无意识心理中的积极联想、消除消极联想，并使用认知捷径促使大脑形成新的联想时，你就能改变人们的行为。通过实质性地扩大品牌的心智份额，你就可以增加市场份额，赢得选举，吸引人们支持你的事业，并实现持续的增长。

我们每个人都在试图推销某样东西，无论是业务、产品、事业、候选人还是某个想法。我们每个人在某种程度上都是营销者。如果你和大多数人一样，你就会为事情的进展没有你期望中那么快而感到沮丧，你会为此找出各种借口，比如我们在营销上的投入不够，经济环境不好，市场竞争过于激烈，或者对手太过强大。但实际上，这些都不是最关键的问题。真正的问题在于，我们大多数人还在使用一本陈旧的营销指南。这本手册上的规则都是在人们还不了解大脑如何运作，我们如何做出选择时制定的。

选择不是意识推动或拉动的结果，也不是被直白地说服的结果。选择不是基于事实和数字做出的，也不受逻辑或情感的影响。它们是直觉的结果，是我们脑海中储存的无数联想和记忆的结果，它们影响着我们每天的行为。理解了这种直觉式决策背后的规律，你就可以扔掉传统的营销指南，用正确的方式来应对每一个挑战和机遇。

凭借直觉的力量取胜

与你竞争市场或者选票的从来都不是某个人、某个候选人或某个品牌。真正的较量不是发生在货架上或投票站里，而是在人们的记忆中，是人们大脑中的动态发展的品牌连接组在争夺主导地位。在本书中，我们看到了像"哈利·波特"系列、彩虹糖和适乐肤这样获得巨大成功的品牌。现在你知道了，这些成功既不是意外，也不是运气或偶然的结果。这些品牌成功是因为它们获得了直觉优势，在人们共有的无意识心理层面建立了庞大的记忆网络。每个成功品牌都创造了许多触点，这些触点与人们的生活息息相关，涵盖了生活的方方面面。这些成功的案例也表明，只有当你的品牌在消费者大脑中建立起实际的神经通路后，它才能在市场上获得增长。品牌要赢得市场份额，首先要赢得心智份额。

我们也看到了一些公司的衰退故事，比如科尔百货、百思买家居，以及维多利亚的秘密。这些公司的业绩似乎突然遭遇了大幅下滑。但仔细观察后你就会发现，在过去的20年里，这些品牌一直在积累消极的联想，这些联想就像病毒一样在人们的无意识心理中滋生，而品牌却未曾察觉。这些公司的高管对突然的业绩下滑感到措手不及。对公司持强烈批评态度的组织和华尔街的投资者将这些情况归咎于公司管理不善。这或许有一定的道理，但也只看到了表面。根本的原因在于，这些企业都陷入了"核心消费者陷阱"。如果他们能优先考虑潜在消费者而非过于依赖现有消费者，同时用积极联想压倒消极联想，那么业绩下滑的问题原本是可以解决的。

这些业务问题都不是不可避免的。本书开头提到的安娜和麦当劳也曾遭遇过消极联想，失去过心智份额。但安娜和麦当劳领导层展现出的敏锐洞察力和应变能力说明，如果你迅速采取行动，你完全可以挽回并复兴你的品牌。他们之所以能够做到这些并不是依靠魔法或者运气。他们主动对自己潜在消费者的心理活动进行了诊断，并且在此基础上迅速改变了策略，扭转了局势。

直觉的真正力量不是帮助我们去研究他人的成功和失败，而是让你拥有创造非凡成就的能力。通过阅读本书带给你的全新的世界观，你已经有能力对任何品牌出现的问题进行诊断，也掌握了解决这些问题的办法，无论你是在运营一个商业品牌、非营利组织、个人品牌、政治候选人，还是你是一个大学申请者，或谋求职业发展的职场人。如果你的品牌财务增长或资金募集停滞不前，你会意识到这可能是品牌的显著性出了问题，可能还有潜在的消极联想阻碍了品牌的增长。

这种新的视角不仅限于商业领域。在下次选举时，无论是选举地方议员还是美国总统，请试着想一想候选人的连接组。你应该可以基于他们拥有的品牌连接组的大小，预测他们赢得党内提名的可能性。一个名不见经传的候选人能否突然崛起，击败更有名望的竞争对手呢？有可能，但前提是他们遵循了奥巴马的策略。下次当你发现自己在与朋友或家人因为政治问题而激烈争论时，请深吸一口气。与你争论的人既不愚蠢，也不邪恶，只是他们的民主党和共和党的连接组与你的恰恰相反。换句话说，让你产生积极联想的东西在他们看来是消极的，而引起你消极联想的东西却引发了他们的积极联想。你现在也可以通过新的视角审视一项社会运动的优势和薄弱之处，并知道如何推动它发展。当你选择立场时，也请花点时间反思一下，是你大脑中连接组的哪些联想促使你做出了这个选择。

这是下一代营销的指南。它颠覆了旧的规则，取而代之的是基于大脑实际工作原理的新的法则。现在你知道，品牌的辨识度比独特性更具影响力，幻想比现实更具吸引力，以及给品牌的DBA加上强有力的线索可以非常迅速地在消费者大脑里建立起品牌的连接组，那速度简直比念出"丹尼尔·卡尼曼"的名字还要快。你现在学会了质疑传统的营销概念，比如生命周期、市场细分和漏斗模型，因为这些营销概念与大脑实际运作的方式背道而驰。我们能看到的并不是事情的全貌。人们决策背后的决定因素不是一座冰山显露在外的部分，而是它水下的部分，即人们大脑中的记忆。当我们想改变人们的行为时，与其用信息轰炸，与他们争论或是提供激励，不如放弃这种意识层面的说服模式，转而关注人们实际上是如何进行选择的。你可以把理解人们决策的过程看成一个将隐藏在水下的冰山显现出来的过程，通过潜入水面以下检查那个巨大的冰山，揭示那些驱动人们决策的关键因素。

如果你的公司或组织的业绩出现下滑，问题很可能隐藏在水面之下——要么是消极联想过多，拖累了品牌连接组，要么是与品牌相关的神经网络太稀疏，缺乏足够的积极联想。无论是哪种情况，结果都是一样的：你的增长将会受到阻碍。这就是为什么你需要持续扮演品牌的"树艺师"的角色，细心照料你的品牌之树，滋养它的根系，提供必要的养分，确保任何的枯枝败叶都会被及时清除。如果不这样做，消极联想就会持续滋生，你的品牌将会萎缩，品牌显著性无法达到应有的水平，品牌也难以产生更大的影响力。

归根结底，一切都关乎增长。如果没有增长，一切都将不复存在——无论是你的品牌、业务、你关心的事业、你支持的候选人，还是你在工作或生活中的想法，甚至是你的思想。但有了增长，这些都能蓬勃发展。无论外部环境如何，增长都可以发生；如果有人告诉你不是这样，那么请不要相信他们。是的，你会在市场中经历起伏。经济会发生变化，社会会出现不同的文化潮流。

自然灾害会发生，流行病也会出现。供应短缺、分销问题等一系列因素都有可能会影响你的品牌——但这些因素是否会重创你的品牌，完全取决于你是否听之任之。

如果你把业绩不佳或客户流失归咎于那些外部因素，那你可能花了太多时间去关注外界，而忽视了自省。真正的原因在于你的品牌连接组出了问题。一旦意识到这一点，你就掌握了让品牌重回正轨的力量。通过强化你宣传内容中的增长触发点，你可以迅速转化潜在消费者，打造忠实消费者。当其他人都在围攻人们的意识心理，试图通过劝说、信息轰炸和争辩来影响意识心理做出的区区 5% 的选择时，你可以退一步，专注于那 95% 的来自无意识心理的决策。真正的增长就蕴藏在那里。

如今，我们最需要的是增长，虽然这种增长可能与你想象的不太一样。业务的增长、财务的增长、影响力或声望的提升固然重要，但我们同样需要个人的成长，需要加深对彼此和不断变化的世界的理解。新的神经路径的生长，庞大的连接组的形成，标志着新的思想、启迪和知识的诞生。本质上，这是一个学习的过程。我们需要互相学习，从不同的角度去了解问题，从而培育那些我们曾经忽视的连接组。当我们理解其他的观点时，它们的连接组就会变得更强大，我们也会变得更加包容。如果我们只关注片面的信息，只看到世界的冰山一角，我们的大脑就会萎缩。

本书中的工具可以帮助你检查，或者重新审视你的想法来自何处，你为什么会做出某个选择，以及你如何能够成为一个更宽容、更善解人意、更有同情心的人。这都归于思维的拓展，将你自己和他人脑海中的点滴想法连接起来。有了这些工具,你就可以在面临任何情况时问自己:"是什么阻碍了我的业务发展?是什么在限制我自己?其中有哪些积极联想?有哪些消极联想?我能找出哪些与人们的生活相关的触点?我能使用哪些增长触发点让别人更快地认同我的想法、事业或价值观?"

在寻找这些问题的答案过程中,我们可以携手并进。这是直觉时代的新营销手册,这套反直觉的原则,利用世界真实的运行方式,能让你走上一条阻力最小的成长之路。从此,无论在哪种事业中,你都将拥有一种全新的力量——直觉的力量。事实证明,这正是在商业与生活中取得成功的关键。